瞑想的極致

奇蹟的神祕體驗

Ryuho Okawa
大川隆法

台灣幸福科學出版有限公司

前言

本書將我經常思索之「瞑想的極致」之內容開示於眾。

第一章出自於我所寫下之與本書書名相同的小冊子文本，這小冊子是幸福科學會員專用的教材。第二章出自於我在一九八八年八月，以上述教材為基礎，所舉辦之瞑想講座時講述的內容。第三章匯集了當時講座中聽眾的提問回答。

此外，在第四章當中，收錄了我對於「幸福瞑想法」（現今收錄於《大川隆法靈言全集》別卷3、別卷5）所講述的法話。最後，第五章則是匯集了有關幸福瞑想法的提問回答。

以上關於何謂瞑想的內容，雖然主要是針對幸福科學會員所寫，但其內容想必也能廣為一般大眾接受。那是因為，如此鮮明地將瞑想的本質，透過奇蹟的神祕體驗予以論述的書籍，至今我未曾於世間看過。

在這層意義上，我想本書能向讀者強烈地傳達何為真實的瞑想。

一九八八年　十二月十二日

幸福科學集團創立者兼總裁　大川隆法

目錄 Contents

第四章

「幸福瞑想法」講義

第一章

瞑想的極致

1 瞑想的本質

首先探討瞑想的本質問題，以逐步歸納出何謂「瞑想的極致」。

為何說「瞑想」到了現今仍然很重要？在生活、工作和真理實踐中如何為瞑想定位？這些是首當其衝的問題。

眾所周知，在釋迦創立的佛教中，修行離不開瞑想。這究竟意味著什麼呢？為何需要進行瞑想呢？釋迦出家最初六年在山中修行，在洞窟中禪定。當時，釋迦是如何理解和實踐瞑想的呢？這些是值得探討的問題。

單從字面而言，「瞑想」即閉目觀想。所謂「瞑想」，即指遮斷與三次元世間性的波動，並開始與心靈世界交流的方法。

雖然「心靈世界」儼然存在，但遺憾的是生存在世間的人們，總容易忘記其存在的真實性。

我們如何才能與心靈世界、與人轉生之前曾經生活過的靈界，進行訊息交流呢？如何才能回想起靈界生活的情形呢？為了達到這個目的，就必須暫時遮斷所有三次元的世俗波動，讓己心與靈界的波動產生共鳴。

活於世間之人，皆背負著很大的障礙。那即是人在為了滿足肉體的各種需求時，很容易忘記心靈世界的存在，忘記自身的靈性本質。為此，佛神以慈悲為懷，賜予了人們透過調和己心的方法，以便與靈界進行交流。

其最有效的方法之一，即是「瞑想」。因此，對於瞑想來說，最重要的即是如何調和己心、如何調整心的波動與波長。

為何說必須調整心的波動呢？簡而言之，「心」就是人的「控制塔台」，它能發揮天線的作用，接收或發出電波。這就類似廣播電台上方的控制塔台，這是「心」本來具有的機能。

控制塔台在收發訊息時，最重要的就是調整頻率。同樣的道理，人在三次元世間要尋找到三次元以上靈界的頻率，並與之產生互動，就必須從心中發出相同的波動和波長。

要想做到這一步，其準備工作便是「呼吸法」。反覆、安靜地呼吸，可調整身體的節奏，透過身體進一步調整心的節拍，引導心的波動通往靜寂的世界，使心靈往無限世界飛翔，瞑想的本質即在於此。

若為「瞑想」一詞定義，即指透過調整心的節拍，讓自己進入能夠與靈界交流的狀態之方法。

2 瞑想的種類

在讀者們理解瞑想的一般性概念後，接下來講述瞑想的種類。

關於瞑想的種類，在已經發行的《幸福瞑想法》（現今收錄於宗教法人幸福科學出版《大川隆法靈言全集》別卷3、別卷5）當中，各式各樣的高級靈已經傳授了幾個方法。

大致上，瞑想可分成以下三種類型。

第一種瞑想，即「保持心靈和諧的瞑想法」。這種瞑想在於調整己心的波長，以便讓我們接受來自高次元世界之光能，從而獲得心靈的安定，或者是透過調和己心享受祥和的境界。

自古以來有「無念無想」之說，這是指藉由排除世俗雜念來調心，進入一種什麼都不思考的狀態，讓安穩與和諧充滿身心。

進行追求心境安穩、無念無想的瞑想時，排除雜念尤其重要。從某種意義而言，此道與禪修相通。或許也可以說，這尚屬於瞑想的初級階段。在現實中，大多數人整天腦海裡不斷出現各種念頭與想法，並被這些所牽制，導致思緒混亂、身心不安。

此時，若想像遨遊心靈世界那樣擺脫煩惱，就必須靜下心來，為達此需求，就必須進入無念無想的境界。

不過，進入無念無想的境界並非最重要，排除內心雜念，不發出不純潔的思緒，此狀態才是最重要的一環。為此，必須透過呼吸等方法調整身心的狀態。

第二種瞑想，即「持目的性的瞑想」，換言之，這是觀想具體意境之瞑想法。

譬如，在這類瞑想中有「反省的瞑想」。所謂「反省的瞑想」，即是將自己內心的陰影一一化解，抱持著此目的進行瞑想。除此之外，還有「光的瞑想」、「幸福的瞑想」等等，也都是持有一定目的性的瞑想，另外尚有「實現自己的瞑想」，這是以「實現自身理想」為目的的瞑想。

這些瞑想的方法，即是在內心的螢幕上，投射自己所希望看到的影像，透過觀看這種影像，在靈魂上刻劃出一定的方向性。

譬如反省的瞑想，其重點就在於如何針對自己過去的種種經歷，進行回顧與總結。自己的內心之所以混亂，其緣由便是自己如何接受過去發生的各種事物，以及對自己如何給予這些事物的評價，這些結果會引發內心的糾葛。

當進行反省的瞑想時，首先需要閉目，讓過去所發生的事情與想法投影在內心的螢幕上，然後從第三者的角度加以觀照和分析。

當進行自我實現瞑想時，則應將自己原本美好的「自畫像」，投射在內心的螢幕上，並予以追求。如果能描繪出美好的自己，就應該以那種生活方式去努力追求。

大體而言，在瞑想的第二大類「持目的性的瞑想」之中，可細分出幾十種，甚至幾百種瞑想。

我們必須瞭解，瞑想種類並非只有無念無想之瞑想，此外，持有目的性的瞑想也不是瞑想的全部，這個觀點不可忘記。換言之，排除雜念是瞑想的方法之一，除此之外還有持有目的性的瞑想。

第三種瞑想，即「直接與靈界進行交流」的瞑想。

先前第二種「持有目的性的瞑想」，其立足點尚在世間，有此立足點才能進行瞑想。而第三種瞑想，則是指瞑想者與靈界逐漸成為一體，這意味著瞑想者成為靈界的一員。

換言之，第三種瞑想，在某種意義上瞑想者能夠體驗「幽體脫離」（靈魂出竅）。雖然人在世間持有著肉體，卻能體驗靈界的實相，或高級靈降臨己身，在這種瞑想中能夠獲得如此體驗。

在昔日印度，釋迦牟尼也曾有過類似的體驗。釋迦在禪定中曾多次幽體脫離，前往靈界，他在禪定中聽到了許多高級靈的聲音，亦有神光入體之體驗。這是具體與異次元世界（靈界）進行交流，獲得實際感受的瞑想。

3 瞑想的方法

接下來，談瞑想的具體實踐方法。

就身體姿勢而言，瞑想有許多種坐法，既有自古流傳的坐禪方法，也有瑜珈式坐法，有將手放在膝上，或手心朝上，也有於胸前合掌的方法等。

各種方法多采多姿，各有高低。譬如，將雙手放在膝蓋上的姿勢，此種方式非常適合進行長時間的瞑想。手背放於膝上、手心朝上的姿勢，從某種意義上來說，很適合用於做排除雜念、無為自然的瞑想，或無念無想的瞑想。

手心朝上放在大腿上打坐時，可獲得某種程度的放鬆和平靜，這在以排除雜念為前提的瞑想上極為有效，適用於第一種瞑想法。

第二種瞑想方法，即持目的性的瞑想。當人的手心朝下，放在膝上時，處於一種主動的姿勢，這種姿勢多用於集中意識時使用。

第三種瞑想方法，即是幽體脫離型的瞑想，或屬於與高級靈交流的瞑想，這種瞑想一般較常使用合掌的姿勢。所謂合掌，就是雙手自然地在胸前合十，形成一個天線的模樣，藉此由指尖發射出靈波，當開始向天上界發出靈波時，天上界的高級諸靈即會對此有所感應。

因雙手合掌發揮類似天線的機能，讓己心起到了佛神之光集中、擴散的中樞作用，將心中某種訊息向上發射出去。於是，與瞑想者心念波長相同的高級諸靈就能有所感應。總之，與持具體目的之祈禱的姿勢相同，在與高級諸靈交換訊息時，採用這種合掌的姿勢最為有效。

此外，還有各種盤腿坐法，要點在於能夠讓瞑想者精神集中即可，並不一定需要正襟危坐或結跏趺坐（雙腿盤坐）等方法。只要能長時間端坐，精神集中且保持平靜心即可。當然，即便端正坐姿很重要，但不可過於勉強，以免久坐痛苦不堪。

瞑想時的坐姿，其關鍵在於脖子至後腦勺的中心線，最好能夠保持與地面垂直。如果身體向前傾，則容易打瞌睡，妨礙精神集中。除此之外，調整呼吸也是很重要的。

在進行呼吸法練習時，首先可以用鼻子吸氣，然後將吸進來的氣慢慢地從胸腔進到腹部，最後下送至丹田部位。當空氣充滿丹田之後，再將氣靜靜、慢慢地從嘴吐出。透過輕緩、均勻、細長地呼吸，就可以有效地調整心的波長。

呼吸法要反覆地做，才會有較好的效果。若是具有一定的靈性感應力之人，反覆地做正確的呼吸法，就能獲得佛神之光從上而來、暖流入體的經驗。

4 瞑想的效果

瞑想有何效果，是必須進一步探討的問題。究竟要怎麼瞑想才會出現效果？瞑想又會帶來怎樣的效果呢？

我認為，瞑想的效果主要有三個層面。

瞑想的第一種效果，即是為人們解除世俗的各種心神憂慮、煩惱和不安等。在此，或許略有消極性的意義，但反過來說，消除種種煩惱和不安後，接下來的就是幸福和平靜的感覺。

大部分人之所以無法獲得幸福，主要因為內心有著各種煩惱與擔憂。因此，如果擁有一種方法，能讓人們的內心暫時離開煩惱與擔憂，那麼，對於身心健康便相當有利。

然而，大多數的人幾乎每天二十四小時中都有煩惱，無法擺脫。如何擺脫這種困境，如何讓自己保持像春陽小溪潺潺流水的輕爽心情，便成了一個非常重要的觀點。

因此，我認為人們要追求幸福，瞑想雖非屬積極，但可謂是重要的方法之一。

瞑想的第二種效果，人們可從瞑想中學到「幸福感」真正的意義何在。換言之，透過瞑想，人們可以真實體會到佛神之光或心靈世界，清楚地認識到高級靈的存在。透過瞑想，可體會世間所無法感受到的幸福感覺。

有人稱這種感覺為「恍惚感」，隨著反覆進行瞑想，便能經常體會到「小恍惚感」，使非常幸福的感覺在體內擴散，令人感覺清爽、明亮。

一旦深入瞑想後，便會逐步由小恍惚感轉向大恍惚感，逼近偉大的覺悟境界。

當你能夠真正地瞭解到人的存在意義，自己的生命價值，以及產生了自己身為宇宙成員之一的自覺，瞭解到自己在大宇宙中作為一個具有個性之生命體的意義時，巨大的喜悅就會降臨，注入你的身心，甚至使你血液沸騰，欣喜至極。

這就是所謂的「大恍惚感」，從大的範圍來講，或許可稱之為大悟。相對來說，「小恍惚感」雖是小的覺悟，卻也是覺悟的入門之處，屬於靈性體驗。

根據我的瞑想實踐，我認為可以將這種恍惚感解釋為真實的幸福感，希望更多的人能夠體驗這種感覺。

瞑想的第三種效果，若歸納其要點，即能夠確立和掌控自己人生方向的主體性。

每個人都身處於命運大河中載浮載沉，因此，一定會遇到必須掌握命運之舵的局面。瞑想可令己心平靜，進而明察自己的本質，感受佛神的本質，從而看清漂流在命運大河中的自己，並獲得應如何掌舵之靈感。

換言之，上述即是讓人生獲得勝利關鍵之瞑想，或者說，這是有效地掌控自己命運方法之瞑想。然而，如何才能藉由瞑想掌握自己的人生呢？瞑想的本質，即是站在高級靈的角度，再次檢視自己的內心和行為，藉此修正人生的航向。

這個瞑想的效果極大，但對此道理瞭解與否，其差異甚鉅，可謂人生勝利之祕訣即在其中。

5 瞑想的極致

瞑想的方法，分門別類、形形色色流傳至今，其中有許多只是沉浸於瞑想的氣氛而已。要想透過瞑想獲得實際效果，或者想要把握瞑想的真髓，就得先對瞑想有三個認識。

第一個認識，即是徹底地相信佛神的存在。如果是不相信佛神的人，就會在瞑想時陷入無神論者的無念無想之瞑想，然而這是無法到達瞑想的真實境界。

雖然有人將「禪」視為否定佛神之後所到達的境界，但希望各位知道事實絕非如此，這只是缺乏知識與智慧的錯誤觀點。這個錯誤觀點的產生原因，就在於太拘泥於方法論，而缺乏知識與智慧，然而真正的瞑想絕不可否定佛神！

所謂佛神，是指大宇宙的創造主以及追隨其下的高級諸靈，如果完全不相信祂們真實存在，將無法顯現出瞑想的好效果。

第二個認識，在瞑想的目的上切不可只為了滿足自己的私利和私欲。

從結論上來講，提升自己的心靈是為了在世間實現神心的需要。也就是說，身為神的士兵、戰士，為了能活躍於世間，進而請求賜予力量或發掘自己內在的潛力，以這樣的心態去進行瞑想為好。

但是有些人只想成為特別的超能力者，為了讓自己能夠獲得喜悅而進行瞑想，這是重大的錯誤。因為這種偏離的觀念，會將瞑想者引入黑暗的世界。若抱持著這種觀念長期進行瞑想的話，會產生出各種不好的念頭，甚至讓自己的心被惡魔掌控。

所以在此我必須強調，切不可為了私欲私利進行瞑想。

第三個認識，即是重視心靈世界的價值觀，重新觀察世間，反省與確認自己的人生。

一般人習慣將焦點放在三次元現實世界，以世間為中心進行思考。我認為，應該轉換立場，從心靈世界來觀察自己，無視這個觀點的人，多會走入負面。

累積如此不同尋常的體驗，就能夠真正地瞭解真實的自己，這是使人生飛躍之關鍵。換言之，要想體會瞑想的極致，就必須用擺脫了三次元世界的眼睛來觀察自己，靜觀世界，這是特別重要的。

若能掌握以上這三個認識，定能幫助你披荊斬棘，開拓人生。

第二章

「瞑想的極致」講義

1 瞑想的定義

瞑想有其深度和廣度，有關瞑想的教材也有許多，但我認為，大多數都沒有掌握到瞑想的本質與精髓，所以我撰寫本書，詳細闡述從未曾有人提及之瞑想的本質與結構。各位可曾閱讀過如此簡潔扼要地闡述瞑想的書籍呢？

之所以說瞑想難，就在於它單憑「知性」理解還無法掌握其真諦，必須實際體驗才會有所收穫。

因此，要講述「瞑想」的人首先需自問，自己究竟獲得了怎樣程度的實際體驗，並是否透過這種實際體驗，進而掌握到了瞑想的本質？

從實踐的角度來看，只進行過幾次瞑想，恐怕還難以掌握其本質。所以，我希望各位透過閱讀本書，掌握「何謂瞑想」這個問題，並在一定程度上把握其架構，以及把握瞑想時的感覺。

首先，我想進一步講解瞑想的本質，以加深各位對瞑想的基本認識。我對「瞑想」的定義是：「所謂瞑想，即是遮斷心靈意識與三次元物質世界之間的聯繫，使己心與心靈世界開始訊息交流的方法。為此，必須遮斷三次元世間性的波動影響，使己心與靈界的波動相通。」

遵循這「波長同通的法則」非常重要，無法理解這個法則的人，就不能說已經精通瞑想了。只是閉目安靜下來不算瞑想，單單只是意念集中也不能說是瞑想。

請各位首先要了解到，若不以「與脫離了三次元世間的靈界進行交流」做為前提，瞑想將無法成立。

不瞭解這個前提的人是沒有資格傳授「瞑想」的。即使如此，還是有許多人在傳授瞑想，由於他們不知瞑想的本質是什麼，所以只能取其形，而無真實的內容。

那麼，為何在瞑想時必須遮斷三次元世界的波動，進而與靈界的波動產生共鳴呢？因為生存在地球上的人，都背負著肉體，肉體是與靈界交流的巨大障礙。

簡單地講，肉體障礙使人失去了原本擁有的心靈感知能力。這就好比在潛水時必須穿潛水衣，穿著「肉體」這種「潛水衣」，無法產生直接接觸水的感覺。人之所以需要穿上這樣的「潛水衣」，就是為了保護心靈在無損害的狀態下，能夠在三次元世間的複雜環境中修行。

如果潛水時不背氧氣瓶，不穿潛水衣的話，將會十分危險。水溫很冷，水底光線黯淡，再加上有海流和各種魚類棲息等，若想進入如此世界，就必須有保護身體的方法與相關的裝備。

但是，當人穿潛水衣下水後，卻發現潛水衣讓原本擁有的機能變得麻木不仁。即便潛水衣遮斷了水冷的感覺，但還要攜帶空氣調節器和氧氣瓶，戴著潛水鏡，口含浮潛呼吸器，在這種情況下，人失去了原本自由自在的狀態。

由於這樣的靈性障礙，所以人們在潛水時容易忘記自己原本的人生目的為何，忘記原本的感覺。為此，佛神顯其慈悲，賜予了透過調心與靈魂世界交流的方法，其有效的方法之一，即是瞑想。

因此，我們需要探討瞑想的方法，「心」的和諧，以及調整己心波長的具體方法。

「心」究竟具有怎樣的機能？瞭解這個問題非常重要！人心很有趣，具有猶如「控制塔台」的機能。它是能夠發出各種意念，同時又能接收訊息的精巧裝置，它的機能還不僅是一種裝置，同時也是人的核心所在。

何謂「自己」？「心」就是自己。由於人們通常不太瞭解「心」具有怎樣的機能，所以需要透過特殊的方法去掌握，方法之一即是瞑想。

下面舉例來做具體的說明。譬如，一位無知的小孩在面對一台電視機時，如果不知道該如何操作，不知道電視機是什麼的話，就無法從電視中看到形形色色的世界。因此，需要告訴小孩操作電視的方法。

首先，應該告訴小孩電視機是什麼，電視將影像顯現出來，並讓人看到各種影像及場景，所以它是很方便的電器產品。

其次還應該告訴孩子如何打開電源，否則無法啟動，之後，電視頻道要調準，才會有畫面出現，使用搖控器時，還需要理解其與電視的關聯性。

我如此比喻是為了說明人的心具有某種機能，如果知道正確的使用方法，便能看到各種影像，接收到各種訊息。因此，認知「何謂心」是至關重要的。

心就像一台電視機，打開心的開關，即是「調心」。

人有腦電波、心波。在一天當中，人的心不斷地發出各種特殊的波長，每個人都有其固有的波長，有煩惱時波長雜亂無章。當發出雜亂無章的波長時，就會接收到更多製造煩惱的訊息，致使惡性循環。反之，持平靜心者，其心的波長平緩、細膩，因此，心就會接軌到祥和的世界。

我們在觀察己心時，首先必須知道心的波長有各式各樣。所以，當要打開心的「開關」時，首先需要調整好心的波長。

其具體方法之一，就是「呼吸法」。這個方法不但有效亦相當有趣。

無論是脾氣多麼暴躁的人，只要調整呼吸就可平息怒氣。各種實驗告訴我們，即使情緒混亂或者充滿憤怒與憎恨，只要調整呼吸，心情就可平穩下來。

從生理的角度來看，生氣時脈搏加快，會令各種賀爾蒙分泌失調，但在調整呼吸之後，就可以將其平穩下來。因此，調整呼吸和心的節奏，使身體放鬆，便是第一階段的實踐。

放鬆身體，可使充滿雜念的心逐漸平靜、清淨下來。這猶如杯子中的泥水，動盪時渾濁不已，靜止時泥水沉澱，從上層開始逐漸清澈，泥砂沉積於杯底。

當內心錯綜複雜如渾濁的泥水時，透過調整呼吸即可讓心的

「水面」平靜，呈現出清澈的部分。這清澈的部分，事實上就是人們擁有的高級精神狀態。

這是進入瞑想的入口，在此不妨再次給瞑想定義，瞑想即指「透過調心，使之進入可與心靈世界交流的狀態」。

2 保持內心和諧的瞑想

我曾在《幸福瞑想法》（現今收錄於宗教法人幸福科學出版《大川隆法靈言全集》別卷3、別卷5）中，列舉過十二種瞑想的種類與方法，只是閱讀未必能全盤掌握其要點，實踐起來還是相當困難。因此，有必要針對瞑想打造出其架構。

首先，從實踐第一種瞑想「保持內心和諧的瞑想」來談這個問題。要進入瞑想，讓內心和諧極為重要，隨後還要維持這種內心和諧的狀態。這雖然尚屬於基本功的部分，但對於初學者而言，大概要占瞑想實踐之七成左右。若不突破這第一道關口，就無法深入瞑想。

古人多用「無念無想」之詞定義這種瞑想。排除世間性的各種雜念，將心調至不做任何思考的狀態，使安然自若之狀態滲透全身。

現今許多人喜愛禪修，而禪修中的大部分都屬於這第一種瞑想。

不過，我認為禪的瞑想尚有未成熟之處，那即是進行禪修之人，不知禪修的最終目的為何。常常從形式上進入瞑想，卻擺脫不了形式上的束縛，難於把握實質意義，禪修的極限即在此。

即使如此，這第一種瞑想非常重要，而且實踐起來並不容易。

在這個階段的瞑想者，十之有八很難進入瞑想。

對於這第一種「無念無想型、保持內心和諧的瞑想」，究竟應該如何進行以及其意涵是什麼呢？歸納起來，即抱持將前往靈魂世界旅行之心情，擺脫世俗的諸多煩惱，令心平靜下來。

所以，如何進入無念無想之狀況，其本身並不重要，如何消除內心的雜念和不純潔的念頭，才是重點所在。

若對此要點沒有清楚瞭解的話，即便是進行瞑想或反省等，也只是徒具形式而已。那麼，人何為會產生雜念呢？

我們居住的大宇宙是處於和諧的狀態，宇宙法則流動於其中。我們生活於其中，抱持著各種想法，進行思考與行動。

在思考與行動之上，人被賦予了自由。根據我們的自由意志而做的思考與行動，必然會在和諧的宇宙之中產生作用或反作用，這是無可否認的事實。這與人有無察覺無關，我們的想法與行為，不是在擾亂，就是在促進著宇宙的和諧。

宇宙之和諧，正確而平衡，當其受到破壞之時，宇宙就會向著恢復其均衡的方向運動。就個人的層次而言，其發出的心念，如果是擾亂佛神所創造的宇宙秩序之方向，就一定會受到反作用力。

如有人一旦產生了害人的念頭，其心隨之就會有混亂、不安、痛苦及悲哀等反作用力將至。

宇宙的平衡狀態穩重而鞏固，若有破壞力產生，必定遭其反彈。所以，若有人試圖破壞宇宙的平衡時，宇宙的自動調整裝置就會發揮其機能，產生反作用力。因此，若心懷強烈不幸感覺的人就需要思考，其原因正是自己內心產生了不和諧的波動而導致的結果。

宇宙的法則極為公平，它的存在不是為了施以懲罰。在促進宇宙的進化、發展與和諧上，為了貢獻而努力思考和行動之人，同樣也會受到一種作用力，即獲得「幸福感覺」。對於在思想和行動上體現了和諧的人而言，可享安然之幸福。

我認為，在第一階段的瞑想狀態，不一定都要坐禪或離群索居，其重點是在日常生活中的修行，在與各種人互動的過程中，讓自己的心保持像湖面那般清澈平靜，必須從這樣的修行開始做起。

首先，在面對別人的言行、想法、意念和行動時，要觀察自己是如何看待與承受，如何使自己的心往更高次元境界昇華。當你內心的池塘被丟進一顆小石子時，你是泛起漣漪？是大風大浪？還是馬上就能平靜下來？藉由努力，你可以轉換自己的心向。

真正能做到較高質量的無念無想型瞑想者，便可以做到將每一天分割開來生活。世間有「以一日為一生」之說，這是指讓每一天都可以達到完結的狀態。今天的煩惱不要留到明天，昨天的煩惱也不要塞進今天的生活，這就是「一日一生」的真意，是能讓我們掌握幸福的思考方法。今天的事情就今天解決，如果今天很苦惱，也需要予以接受。即便今天在心裡泛起了波紋，也不要讓它持續到明天。

不過，對於無念無想型的瞑想達人來說，對這種以一日為一生的間隔還能更加縮短。以一小時為一生，以一分鐘為一生，甚至一秒為一生也是可能的。換言之，達到這種境界的人，能在瞬息間切斷造成內心混亂的世俗波長，這點非常重要。

用現代方法比喻的話，即要看你的心念是 α 波還是 β 波。當內心有雜念時，就會發出 β 波，像禪僧入定時則會發出 α 波。靠打坐或調整呼吸發出 α 波並不困難，難就難在如何在每天的生活之中持續地發出 α 波。

如何才能創造出這樣的狀態呢？這必須進行基礎鍛鍊。在鞏固了基礎之後，才可牢牢地掌握第二種瞑想以上的方法。

我建議各位，首先訓練自己，要在很短的時間內，讓心的波浪漣漪平靜下來。

至於操作方法，我打個比方來說明。如果有人講話傷害了你，你不要馬上生氣地去反駁對方，而應該瞬間進行自我反省，看看自己身上是否有被別人批評和指責的原因，自己的思考與行為是否有不對的地方等。確認別人之所以那樣講，原因是否是自己造成的，進行如此瞬間性的思考。如果原因出在自己身上，就需要立刻向對方道歉。

此外，也有在瞬間切換想法的方法，或許對方會那樣說，是因為之前自己也曾對對方說過不好聽的話，或許有欺負或看不起對方的想法和行動等，進行如此瞬間性的回想是很必要的。如果發現自己有錯，就應該立刻改變態度，這是瞬間入定的方法。

如果是自己給他人製造了困擾，即便那人現在並不在眼前，你也應該先改變對那人的想法。雖是瞬間性的想法，也要抱持著對不起對方的心情，這樣做實際上是有益於自己的。如果你長時間或好幾天都在心裡責備對方的話，不但對對方不好，也會造成自己的不幸。從得失觀點來看，若對別人有放不下的怨恨想法的話，那麼，對自己是有害而無益。

如果發現問題的原因在於自己，就應該立刻改變自己。如果發現原因不在自己身上，而是錯在對方，也需要抱持原諒對方的想法，這至關重要。即使自己有原諒對方的念頭，但自己的痛苦卻無法消失的話，就應該思考，這或許是自己還缺乏愛心所導致。

我在許多書籍中都強調了「施愛」的觀點，讀者可以參閱這些書籍，看一看自己是否認真地去實踐了。

所謂「施愛」，並非只是把東西送給別人，也不是說給予他人細小的關懷就可以了。在「施愛」之中，必須建立不求回報的心態，這也包含著自己對對方想法的轉變。必須反省自己是否用責備的眼光在看待對方？自己的內心是否有狹隘的想法？如果是這種負面想法的話，能否將其徹底轉換為善念呢？如果不能產生善念，其過錯就在自身，我們必須建立起這樣的觀念。

社會是由各種不同的人所組成，在許許多多閱讀這本書的人當中，每個人的靈魂進化和提升的速度都不同。即使是自己能夠理解的內容，但別人未必能夠理解。

此時，你能停下來等待那些尚不能理解的人嗎？這點相當重要。如果沒有這種心情，就絕不可能構成平易近人的「循序說法」。有人喜歡強迫別人接受自己的觀念和想法，認為所有的人都必須和自己抱持同樣的想法，必須接受自己的觀念，這樣才會感到心滿意足。

我對各位講述的內容，有的人可以百分之百地理解，有的人只能懂百分之九十，有的人只懂一半，或許有的人只懂百分之十。即使有人說只懂一成，我也不會生氣，因為我知道，這個人只是剛要開始登山而已。

用這種寬容的心和別人交往的話，你就會發現，如果看到別人和自己的想法不同時就產生焦躁，無非代表自己的心尚且狹隘。寬容他人的方法，除了自己獲得覺悟之外別無出路。

獲得了真正覺悟的人，自然而然會對他人產生愛心。因為此人非常清楚地瞭解，別人為什麼會講那樣的話，為什麼會陷入那樣的煩惱，為什麼會做出那樣的舉動。若是處於對別人全然不知的狀態，就說明自己與別人仍共處於同一水平。

至少可以確定，既然他人的想法會造成自己苦惱，而這苦惱絕不是什麼高尚的精神波動。所以如果自己斤斤計較，就證明自己的層次並不高，還沒有進入更高階段的覺悟境界。

因此，我一再強調最初的階段非常重要。當一個人的內心不和諧時，絕不可將原因歸咎於別人，所有的責任都在自己身上。若論得失，把責任歸咎於人就是損失。既然如此，就應放棄這樣的想法或行為，消除那樣的情緒或感情，應該轉換自己的心念，使心如明月，恢復內心的平靜，這點非常重要。

如此的第一階段，任何人透過努力都能夠做到。在這種努力中，需要養成自我反省的習慣，否則不會產生實際效果。所以請各位一定要重視反省，就像我講述瞑想時提到的，必須用更宏觀的角度看待自己與他人，不能只停留在三次元的觀點上看待事物。

對於瞑想，最重要的就是必須擺脫三次元的世俗觀點，應該從更高次元的視野觀察自己、看待他人以及世界。請務必瞭解，這是瞑想的真正意義所在。

3 持目的性的瞑想

「持目的性的瞑想」屬於第二種瞑想類型，譬如，我常提到的「反省的瞑想」就屬於這種類型。另外，在我其它的瞑想著作中，也曾提到「光的瞑想」、「幸福瞑想」、「實現自己的瞑想」等許多持目的性的瞑想。

要進入持目的性的瞑想階段，至少必須先完成第一種瞑想，讓心平靜下來，進入和諧的狀態。若不經過此階段，而直接進入持目的性的瞑想的話，心念的方向將難以調控，甚至瞑想的結果本身反而會招致不幸。

在此，我想先談一談瞑想與意念集中這兩者之間的差異。前面我論述了各種瞑想方法，許多人會將其理解成意念集中就是瞑想，然而，意念集中並不等於瞑想。

這是必須討論的問題，首先，即使在三次元的波動中，也還是可以做到意念集中。換言之，即在與宇宙和諧相反的方向上集中意念也是可能的，但這絕對不能說是瞑想。

意念集中的方法大致上可分為三種，或者說有三種方向性。第一種意念的集中，是朝向黑暗部分的意念進行集中，這也可說是一種四次元意念的集中，或者說是地獄界、幽界層次的意念集中，我不想將此稱之為瞑想。

除此之外，意念集中還有兩種。一是向「裏側世界」進行意念集中。譬如，朝著仙人、天狗的世界等「裏側世界」集中意念，其特點即是不存在判斷意念好壞的基準。具體來講，他們只是把意念當作一定的物理法則使用。譬如，靠意念將湯匙彎曲等，雖然已不流行了，但確實有些人會感到很神奇。

我也曾嘗試過，可以讓兩根湯匙彎曲，讓三根叉子折斷。然而，我無意持續做這種事情。因為當我這樣做時，便會有靈來指導，那就是「大天狗」。世上有各種山嶽，當地的天狗出現時，就會產生這些神奇的力量。如果我在日本的名古屋用意念彎曲湯匙，代表岐阜縣的大天狗出現了；如果我在日本的四國折斷叉子，代表四國山脈的劍山大天狗出現了。問題是「請神容易送神難」，接下來你就有苦頭吃了。

總之，這是意念方向上的錯誤。一秒、兩秒鐘就可以感應，並與那些神仙天狗的意念產生共鳴。換言之，朝著這種方向非常危險，雖然有力量卻很危險，這是毋須質疑的。

因此，我們在努力的方向上，應該是將意念集中朝向高次元世界中被稱為「高級靈界」的「表側世界」。如同第一階段所闡述的那樣，如果想要遮斷世間性的三次元波動，從某種意義而言，就需要集中意念。如果一個人沒辦法調控自己的思緒，不進行意念的集中，就很難進入瞑想，這是事實。

4 推薦閱讀瞑想

多數讀者都有自己的工作，或許是上班族，所以各位平常可能很難找到較完整的瞑想時間與場所。就算想在悠閒處閉關一個星期左右進行反省與觀想，也很難有這樣的時間，在這種情況下該如何是好呢？

如果你也有這樣的煩惱的話，我想推薦一個有效的方法，即「閱讀瞑想」。

要想進入瞑想狀態，首先必須讓內心在一定的時間內維持一定的波動。如果沒有這種習慣，就無法進入瞑想狀態。如果總是在意或放心不下各種事情，心裡總是翻騰著各種思緒的話，便無法進入瞑想狀態。

從這個角度來看，對現代上班族來講，瞑想的第一階段應該是「閱讀瞑想」。

這種閱讀瞑想屬於哪一種類型呢？當然，閱讀娛樂雜誌不太適合，看寫真集也不合適。閱讀瞑想的讀物必須是精神性較高的書籍。不過，精神性很高卻需要高度哲學思考的書籍也不太適合。因此，如果各位對於我寫的書籍感興趣，我推薦各位首先閱讀「幸福科學」的各種理論書籍來進行閱讀瞑想。

簡而言之，當你在讀書的時候，心針便會朝向固定的方向，與該書籍的波動合而為一。可是，一般人常常在讀了五頁後，就會產生厭煩感沒耐心了，讀一、二十頁後就讀不下去，心思就跑到別處去了，讀了三十頁便打開電視看起來。為了避免如此分心，首先必須進行意識集中的訓練。

由於每個人讀完一本書所費的時間不同，所以未必要一口氣全部讀完，只讀一半或三分之一也可以。首先讀兩小時左右，重點要看自己能否排除雜念持續閱讀。這是一種訓練，訓練自己的意志與精神集中力。

閱讀時可以在要點上畫線，重點在於除了閱讀之外的事情完全不去想，看看自己能否完全投入一、二個小時。這是讓我們進入瞑想最初的準備訓練，也是非常有效的方法。無法在一定的時間裡集中意念的人，要進入瞑想會很困難。透過這樣的訓練，就會變得容易進入瞑想的狀態。

如果在人多聲音吵雜的地方，你能持續讀書完全不想其它的事情，就可以說你的意志集中能力已經達到了相當高的階段，可進一步形成通往更高層次、具精神層面的集中力。

所以請各位先進行上述練習，常常練習你就會發現，閱讀瞑想時意念集中的時間越長，就越能接近「入定」狀態。剛開始可設定一個小時左右，看看自己能否全神貫注，做不到的人也可先從三十分鐘、十五分鐘做起，再逐步延長。如果在這個過程中完全沒有浮現雜念，那就可以說你已經達到了相當高的層次。進入了這個狀態的人，就能較早達到第一階段的切換與升級。

再來可以進行沉思訓練，譬如，針對一個主題深入思考，看看自己能否針對一個主題持續思考一個小時。建議各位可以「幸福科學」倡導的「施愛」為主題，進行瞑想訓練。

經過這樣的訓練後你便會發現，從第一階段瞑想進入第二階段瞑想，已不再是很難的事了。因為對於第二階段「持目的性的瞑想」來說，意念集中與意識集中是必須的，否則就無法完成第二階段瞑想。請各位努力去嘗試，讓自己的意念在一定的時間內維持高級波動。

能做到這一點，就可實際進行本書提到的各種瞑想，最重要的是在訓練的過程中不讓雜念浮現出來，並且將意識向某個目的進行集中。

5 反省式瞑想的方法

瞑想的方法，即在心中的螢幕上投射出自己期望的影像，藉由觀望這影像，在心中刻劃出一定的方向性。方法類似電影的投射，將過去自己周邊所發生的事情與想法，投射到閉目後的眼簾、心中的螢幕上，再以第三者的角度予以觀察和分析。

瞑想是否屬於一種意念集中？是否屬於在內心螢幕上投射一幅影像，再積極地進行思考的自力行為？對此的回答，可以說是，也可說不是。

從真正的意義來講，內心螢幕並非自己隨意假設便能浮現出來，而是在進入瞑想狀態後自然浮現出來的。這些影像並非是虛假的，它是一種由內心深處自然浮現出來的影像。

譬如，在瞑想中回顧往事時呈現出來的影像，清楚地看到了幼小時不同於現在的自己。即便並非刻意去看它，卻能看到，似近非近難以捉摸。那不是用力想看就可以看得到的，然而卻會自然而然地呈現出來。

換言之，各位並不需要努力集中意念去看，這不是靠努力可以做到的，當意念統一時，進入被動、接受的狀態，面對自己的過去時，便會在內心自然地浮現出過去的影像。如果做不到這一步的話，也就無法進入第三種瞑想類型。

若是在這個階段，是靠自己的意念創造影像的人，絕不可能進入這第三階段的瞑想，這點須留心注意。

因為，在這個階段進行瞑想練習的人，還沒有靈性能力，還不瞭解需要高級靈幫助的意義何在，也不瞭解自己的心需要處於被動狀態的意義何在。但是，心靈純淨，心的波動與高級靈的波長同通者，在進行持目的性的瞑想時，高級靈的指導一定會來到。因此，過去只靠自力進行反省的人，一定能在這種反省瞑想中大有收穫。

實際上，你看到的影像多半是在告訴你，此處需要特別注意，如果沒有接受到如此靈感，這個瞑想就沒辦法完成。

由反省進入瞑想是佛陀進行瞑想之基本做法，那麼，由反省進入瞑想的順序是重點嗎？我認為，心的狀態從主動、積極的狀態轉換成為被動狀態，才是重點。如果心沒辦法進入這種被動狀態，就無法進入瞑想。

換句話說，如果要進入瞑想，在方向上不可以搞錯，此外，還必須做到某種程度的意念集中。甚至，單單只是做到意念集中還不行，意念集中不過是前提，重點是在那之後還需要進行意念擴散。在此，意念擴散的能力更顯重要，經過集中後還需要擴散開來。

集中是為了排除世間性的雜念，如此排除與集中，就像照相機對準焦距一樣，使之保持一定的方向性。然後，為了讓自己處於接受的狀態，又必須將焦點擴散開來。因此，意念擴散非常重要。

上述曾提到過，如果各位為了想靠自己的意念在內心螢幕上描繪而執著的話，便無法進行意念擴散了。

在此，自然浮現出來的才是正確的。隨後，如果無法進入意念擴散的狀態，也就無法進入被動狀態，那麼便無法接受高級諸靈的指導了。

如果只在意自己的意識如何的話，就好比身體緊縮起來的僵硬狀態，所有的訊息都會被反彈回去，無法進入內心世界。

這就像是穿雨衣一樣，太過於在意自己如何做意識集中，如此持續過久，雨衣緊緊地包裹住身體，雨水滴落在身上也會被全部彈開。這種狀態不好，必須用身心去接受高級諸靈的波動。

這與「自我實現瞑想」的道理相同。在內心螢幕上描繪未來，並不是只靠念力去做。這種思考自己未來的自我實現意識集中，屬於第一階段，其後的重點則是意識擴散，即自然浮現的狀態、等待的狀態。如果不能維持這樣的狀態，就無法完成瞑想。

比方說，針對「自我實現」有很多著述，也有很多人論及，但如果是單純自我實現的意念問題的話，就與自我實現的瞑想不同。

其差異在於，自我實現上的意念是指，人可以在任何三次元波動中持續加強這種意念。譬如，在每天生活中，可以總是想像自己擁有一棟寬大的房子，此意念若得到了感應，最終得到實現，也有這樣的法則。

不過，這不能說是瞑想，藉由集中三次元波動中的意念，轉換成物理力量，這稱不上是瞑想。何況若有偏差，這種物理力量會通向仙人、天狗的「裏側世界」。就法則而言，雖然有其可能，但只靠這種方法是不行的。

如果是自我實現的瞑想，瞑想者須進入被動狀態，而於內心清晰地浮現出來的影像，必須順應守護、指導靈之心。

6 與實在界交流的瞑想

直接和靈界進行交流的瞑想有一定的難度，然而，瞑想高深之處的確有著這樣的階段，若不體驗這個境界，就還不能說完成了真正的瞑想。

如果按照前面的順序來做說明，即為了進入瞑想狀態，必須先在一定的時間內，將意識持續調向高級狀態。藉由這個過程，切斷三次元世間性的波動，切斷各種煩惱波動，這很重要。

當進入了這種狀態後，接下來就是持目的性的瞑想修行了。持目的性的瞑想，是一種修行與自我訓練的方法。不過，從繼續深入瞑想的角度而言，在意識上又不能總持有目的性。要知道，持目的性的瞑想，只不過是為了進行修行的一種方便法而已，在深入瞑想的過程中，這個目的性的意識會消失。但是，如果沒有設定這個努力的目標，就無法深入到這個修行階段。

此時，須設定自己的目標，進而進行持目的性的瞑想法。隨後，使自己進入被動狀態，同時，透過這種持目的性的瞑想階段，在瞑想的過程中，來自高級靈界的援助便會逐漸明顯起來，從瞑想中可以獲得如此真實的體驗。

人的靈魂雖然宿於肉身中，但是靈性之眼、耳卻能處於脫離肉體狀態，進入超越五官的世界，以肉體感覺之外的靈體，去感受各式各樣的事物，這個境界是可以透過努力，在某種程度上感受得到的靈性體驗。

然而其前提，是必須讓自己在一定的時間內保持高級精神思考狀態。透過這種努力，就可以逐漸進入幽體脫離型的瞑想階段了。

在這種高級瞑想法的極致上，存在著如此與異次元靈界具體交流的瞑想。有無這種瞑想體驗的人，對瞑想的理解深度完全不同。沒有與異次元靈界交流經驗的人，難以理解我講的「處於被動狀態」到底意味著什麼。

但在初級階段的瞑想中，實踐者可以感受到有股暖流滲入心靈，這種感覺不僅透過瞑想可以得到，很多人在閱讀本書時，也可獲得這種瞬間性的感覺。有的人會感覺自己的頭頂被注入一股暖流，有的人會感到熱血沸騰，而有的人會覺得胸部溫暖了起來。

這是此人的守護靈，為了讓此人察覺而投射了天上界之光。當體悟真理時，也能與守護靈之間相互呼應。總之，為了震撼和激發此人的心靈，守護靈才將佛神之光注入其身。

各位只要實踐，或多或少都能獲得一些體驗。或許需要幾年的時間，但只要堅持學習佛法真理，就能逐步累積這樣的體驗。每個人的心靈都有昇華的可能性，所以我建議各位予以實踐。

在這樣的體驗中，能夠學會適合自己的調心方法。當內心處於不和諧的狀態時，痛苦感會很強烈，然而透過反省自行調心，就能獲得佛神之光注入身體的體驗，並能自我確認到身心靈處於和諧的狀態了。

7 瞑想的姿勢

關於瞑想時應採用哪種姿勢的問題，我認為，瞑想未必要被形式所拘束，可以有各種姿勢，在此只對基本的方法做簡單說明。

一般而言，做「無念無想的瞑想」時，讓手心朝上較容易產生開放感；做「持目的性的瞑想」時，讓手心朝下較具有主動性，更容易集中心念；做「幽體脫離型瞑想」時，合掌的姿勢較好，特別是在與高級諸靈溝通時最為適宜。

但這些姿勢並非硬性規定，就我而言，即使倒立、午睡的姿勢，甚至在吃飯的時候，也能深入瞑想。總之，瞑想的姿勢並不是最重要的，它與能否深入瞑想無關。不過，對一般人來說，瞑想還是從身體的基本姿勢開始做起為好。

手是心的一個集中和擴散光能的中樞部位，譬如，有將手貼在身體患病處使之痊癒的個案，手發揮著類似天線的功能，當合掌時的手指向上方時，在這個方向上會發出一定的波長，當與高級靈界的波長一致時，就能產生共鳴。合掌的手勢也可說是一種中道手勢，放棄左右兩極端而進入中道，這種中道姿勢能讓你的手成為接收高級靈波長的天線。

當雙手在胸前合掌時，可以達到消除內心的焦慮與不安的效果，使你在取得了內心平衡的平靜狀態下進入中道。人在胸前合掌時很難生氣憤怒，可以試試看，就是想在合掌時生氣也無力可使。所以當要消除怒氣時，便可以試著合掌。從這層意思來講，合掌的姿勢可以令人心和諧下來。

此外，我並不會極力推薦正坐的姿勢，只要調整坐姿，讓脊椎儘量垂直成為一線，不要讓自己睡著就可以了。

由於有各種不同流派，呼吸法也有許多的種類，我曾說過用鼻子吸氣口吐氣的方法。其實，也可以使用不同的方式，如可用口吸氣鼻子吐氣等。用鼻子吸鼻子吐也未嘗不可，也可以用口吸口吐的方法。至於哪種較好，與瞑想者的個人體質有關，鼻孔較大的人，全用鼻子呼吸也無妨；鼻孔小的人，只靠鼻子則無法獲得充分的氧氣，口鼻一起並用也無妨。

我如果只用鼻子呼吸做瞑想，差不多兩分鐘就會有點呼吸困難了。像我這種體質的人，似乎最好避免只靠鼻子呼吸，否則進行瞑想時會面紅耳赤，不妨搭配用口呼吸。身材比較瘦且鼻孔較大的人，可只用鼻子呼吸。

總之，不可一味地對瞑想形式過於拘泥，重點應該放在調整身心節奏，使精神和諧。如果有人要問，用鼻子吸氣和用口吸氣有何不同，那就是用口吸氣可吸入大量氧氣，瞬間可達到調心的作用。從調心的觀點來看，用口吸氣效果會更好一些。這好比當你突然生氣時，只靠鼻子呼吸去平心靜氣有些來不及，需要大口吸入氧氣，然後慢慢吐出，連續兩、三次便可令心穩定下來。如果只靠鼻子的話，恐怕要花上五分鐘左右的時間。

在不同狀態下，呼吸法也可有所不同，因此不必太過拘泥於形式。在印度的佛陀時代傳授的呼吸法，主要是以鼻子吸氣，然後慢慢地用口吐氣。

採用這種呼吸法的理由之一，若只用鼻子呼吸，或只用口吞吐的話，就會有和日常生活沒什麼兩樣的感覺。由於沒有正在進行呼吸法的特別感受，所以才會採用鼻吸口吐的方法。如此，可讓瞑想者清楚地意識到，自己正在進行呼吸法。另外一個理由，是這種呼吸法可氣入丹田，在實踐呼吸法，心中持有這樣的意識很重要。

8 瞑想的幸福感受

瞑想的第一種效果，如前文所述，即能排除世間各種煩憂、擔心及不安等情緒或感覺。這雖然不屬於積極地創造幸福的方法，卻有著能夠給我們帶來幸福的效果。

瞑想的第二種效果，即可以清楚告訴我們幸福感受之真正意義。當你感受到神光確實存在，感受到高級靈確實存在的時候，便會發現自己過去雖然沒有認真的生活態度，自己的守護靈還是會關愛自己且給予指導。當知道了這個心靈實情後，任何人都會感激涕零。當你內心產生一種很熱的感覺時，就像所謂甘露法雨那樣，淚水奪眶而出，沿著臉頰流落下來。

許多人應該有過類似的體驗，這種從內心深處湧上熱流的時候，會有一種進入小恍惚的感覺，這也是感覺到幸福的瞬間。在此之前，你或許有過各種幸福感受，但只有這種發自心底的感動，才能令你進入更深度地感受幸福的階段，瞭解真正的幸福是什麼。

在有眾多的靈人守護與引導下生活，自己卻完全不知，一路走來自由放任。即便如此，佛神還是為你保留了未來發展的可能性。這是多麼令人感激的事情啊，當你知道有這樣的實情時，怎能不流落熱淚呢？當有了這樣的感覺時，暖流從心中湧上，佛神之光也射入你的內心。我希望所有的人都能獲得高級諸靈實際存在的體驗，我願各位都能夠具體感受到這種遍佈全身的幸福感受。

小恍惚感之後，還有高階段的大恍惚感。這是一種得到大悟時的恍惚感，也是當初佛陀大悟的境界，其他偉人也有過這樣的體驗。這可說是一種開悟的喜悅，是無以倫比的幸福感受。

當體驗到這種幸福感受時，對世俗的所有瑣事將會淡漠，你會寧願拋棄一切，這就是大恍惚感。能否到達這個境界暫且不論，但修行者還是應該把它作為目標。我希望各位瞭解，在世間獲得大悟之時的感受有其崇高的價值。

談到「大悟」，雖說每個人因擁有不同的靈格，所以能獲得的覺悟也會有所差異。但至少認識到了自己本有的靈格，有靈性認識之覺悟，在持肉身時獲得了覺悟之本身，就已是不易之事了。人擁有肉體卻能以靈性感覺來思考、瞭解、操作各種事物，這即是極大的喜悅，所以我希望各位盡可能地多實踐和體驗。

瞑想的第三種效果，我說過「能讓人確認自己可以控制自己的人生，就像可以掌控方向盤的駕駛者一樣」。我們生活在三次元世界，活在奔流的命運大河中，有時受著命運擺佈卻沒有察覺。

在《正心法語》（「幸福科學」的根本經典）當中，有提到「必須掌握船竿，撥正小船的航向」。自己想要掌舵，首先必須瞭解這艘船漂流在河川的什麼流向上，乘的是怎樣的船，以及掌舵的方法。

就這層意義來說，應該鳥瞰全景，即從上面觀察自己，瞭解自己處於什麼位置，如何划船才能讓船通過河川暗流。能讓我們掌握這種靈界觀點的方法，即是瞑想，也可以說這是能夠讓人生獲勝的關鍵所在。至此，「瞑想的極致」便逐漸顯現出來了。

9 探究瞑想的至高境界

我認為追求極致的瞑想，第一，必須徹底的相信佛神存在。若心中懷疑不信，瞑想將無從談起。否定佛神之禪定境界絕不可能是真實的，那只是一種不瞭解心靈世界，不知自己是怎樣的存在而已。無知的責任在於此人，不能歸咎於佛神，這種做法是完全錯誤的。

如果佛神以及靈界高級指導靈是虛假的存在，瞑想將不能成立，僅是集中三次元的意念而已。即使只在三次元波動下集中意念，如果不承認佛神以及高級諸靈的存在，就無法進入被動、接受指導，接受光的狀態。

第二，不可只為自己的私利私欲進行瞑想，這也是同樣的道理。因為真正的瞑想狀態是一種讓心進入被動狀態的做法，如此才可以進入與高級諸靈進行交流的狀態。也就是說，如果充滿私利私欲和自我意識，就不可能接受佛神的指導，就不可能接受真理之光。

我在此強調，要提升自己的心靈，最終目的還是要讓佛神之心在世間得以實現。抱持這種觀念對瞑想來說很重要，切不可心懷惡念來進行瞑想。

第三，必須以靈界之觀念為基礎，反過來審視世間，並依此歸納出原本正確的人生觀，並且加以確認。我認為，要讓瞑想成為真正有效的瞑想，就必須用脫離了三次元的靈性眼光觀察自己和世界。

以上就是瞑想的三個極致境界，對此，我再從不同的角度加以說明。

第一是徹底地相信佛神之存在，這其實屬於六次元的境界，是光明界的層次。若沒有真理知識的根基，也就無法連接到六次元以上的心靈世界了。至少必須透過學習真理知識，才能抵達六次元階段。六次元以下的心靈波長無法通往六次元階段，所以不信佛神的人無法到達六次元境界，也絕對無法接受高級靈的指導。

第二是不可為自己的私利私欲進行瞑想。為愛而生乃是菩薩的境界，是通往七次元靈界之路。因此，這也是構築通往菩薩世界之橋樑所必須的，否則將無法到達菩薩界。具體地講，瞑想也須是為了他人、愛他之舉動，這也是我們接受菩薩世界給予指導的方法和路徑。

第三是從靈界之觀點來重新觀察世間，回歸我們原本正確的人生方式並加以確認。如果這些全都能夠做到的話，即達到了如來的境界。

所謂如來，即是「法」本身。這意味著知法，知佛神之心，並能站在佛神的立場進行判斷，不管處於什麼情況之下，與佛神意志同在，思考、處理問題時，應該符合佛神之心意。知此者，即為如來，且能正確地指導他人。

總之，瞑想可至如來的境界。這三個瞑想極致，是以光明界、菩薩界與如來界之存在為條件。希望各位能夠深刻地理會，並在瞑想的發展階段上獲得進一步的體驗。

第三章

「瞑想的極致」之提問與解答

1 關於瞑想中的祈禱對象

Q1

至今我經歷了各式各樣的宗教，在幸福科學當中出現了各種神明的名字，我不知道在瞑想的過程中祈禱時應該以誰為對象。應該是跟十次元以上的意識祈禱，或者是直接描繪創造主的形象出來就好了嗎？這令我有一點困惑。

此外，我也感覺到，當我要改變祈禱的對象時，還必須花上一些時間。因此，能否請您教導，瞑想時最理想的祈禱對象是什麼呢？

一九八八年十二月的「祈禱的原理」（收錄於幸福科學出版《烏托邦的原理》）講演會，以及在《釋迦的本心》（台灣幸福科學出版）的第二章中，皆曾論述八正道與祈禱的問題。在八正道的正念與正定之中有祈禱的內涵，這亦是釋迦的本心。

關於如何選擇祈禱對象的問題，若從順序上來講，不妨可以先向自己的守護靈祈禱，因為自己的守護靈最了解自己的問題。

當守護靈聽到了你的祈禱後，便會對你祈禱的內容予以判定。如果祈禱的內容程度過高，超越了守護靈的能力時，守護靈會請求更高次元的靈人專家給予協助，幫助你解決問題。所以基本上經由守護靈進行祈禱為宜。

如果你祈禱的內容相當特殊，直接向某位高級靈祈禱也未嘗不可。但一般而言，由於祈禱的層次與覺悟的層次相關，所以一般人在心境不高或不穩定時，祈禱的內容不易傳達得到，想要讓宇宙根本佛接收到你的祈禱就更不可能了。即使你的祈禱訊息發出去了，也到達不了。

祈禱的訊息有時也會被某個靈人中途攔截，也就是說只要內容和方向正確，高級靈人就有可能接收到你的祈禱訊息。

當然，如果是不同的專業，譬如向商業專門的靈人祈禱治癒疾病的話，就可能會沒有回音。靈人一般會專屬於某個系統，在風格和專長上有所不同。

在地球和大宇宙中，有許多漫無目標的意念漂浮，有時會在某種機緣下影響某人。

總之，祈禱發射出去的意念，如果沒有人接收，就會到處飄浮轉來轉去。

因此，有時常去寺廟就會產生一種危險，因為那裡累積了許多的意念。有些人不管祈禱對象是誰，只是一味地想讓神明聽見自己的痛苦，但發出的祈禱沒有回應而掉落回來，就有可能落到本來無關的某人身上。

世人的意念累積也會形成一種力量，四次元靈界以上的各種靈人也會有所感應。如果是正確的意念，便有可能接收到指導訊息。

祈禱時應先端正己心，認真地思考祈禱的內容，謙卑恭敬地將正確的祈禱意念發射出去。但能否得到回應，判斷權在所祈禱的對象，祈禱者只需誠心寄託即可。須注意的是，對於結果不可過於執著，不要因為祈禱而將自己束縛起來。

可以將向自己的守護靈祈禱作為基本原則，在有其他特別目的的祈禱時，也可向具有那方面專長的高級靈進行祈禱。

2 當瞑想受到干擾的時候

Q2

據說過去釋迦深入禪定時，即便眼前有載貨的馬車通過或雷聲作響，都完全沒受到影響。但我們因為僅是很淺層的瞑想，所以當有電話鈴聲響起，或有人敲門的話，很容易受到影響。即便僅是稍微地集中精神，若是被家人突然地打擾，常常會嚇一大跳，進而擔心是不是會對心或精神產生什麼傷害。如果真的會造成傷害，該如何加以修復呢？

此外，您教導了眾多進入瞑想的方法，但能否請您教導應該如何解開瞑想？好比說，「如果能瞑想到如此程度，就能解開瞑想」等等。請您賜教解開瞑想的步驟、方法等等。

在瞑想的過程中，如果被打斷，的確會讓人感到厭惡。無論是電話，還是其他各種形式的打擾，的確會讓瞑想難以進行下去，所以電話的確是瞑想的敵人。此外，在人群當中進行瞑想，也是非常困難的事。

我來舉一個具體的例子。在「畢卡索靈示集」（現今收錄於《大川隆法靈言全集》第38集、第39集）當中，莎士比亞提到了，過去他在瞑想的時候，被送貨的敲門聲給打斷。不得已去收貨之後，再繼續瞑想，心情卻變得非常糟糕。因為就在文學論正在高張之際，即將要進入悲劇論之時，送貨員剛好敲門打斷，這實在是會讓人感到很不愉快。

雖然我跟他說「你是高級靈，這樣不行，得要做好心靈修行」，但終究他是演員，或者是說藝術家，實在是有難為之處。如果演舞台劇演到一半，突然警察闖進來，心情的確會受到影響。同樣地，如果構思的過程當中被打斷，想必靈感就會難以再度浮現。由於莎士比亞是高級靈，所以他並沒有發怒，不過心情受到了影響，要再重新構思，的確有其難度。

在這三次元世間與靈界交流不易，很容易受到環境的干擾。

你問到，當受到干擾時靈魂是否會受到傷害？我認為這是屬於個人能力的問題。遇到干擾時心情變得很差，就會越想越感到沮喪。如果不把它當作一回事，便可以重新再來。對此，其實不必太過於神經質。如果過於敏感的話，就容易產生想離群索居、逃避社會的想法。進行瞑想的人，神經可以放輕鬆一點比較好。

雖然瞑想時受到干擾，心情會受影響，但改天再重新進行也未嘗不可，瞑想的時間是可以選擇的。

也因此釋迦常常選擇在半夜瞑想，這樣外界的干擾機會較少。但對上班族來說或許有些困難，如果影響到正常上班，白天打瞌睡就不太好了，清晨的時間也是不錯的選擇。如果總是想在某個時間非瞑想不可，反而會影響瞑想的品質，總而言之，自然進入瞑想狀態比較好。

關於如何解開瞑想的問題，對此有很多團體強調，解開瞑想時要特別留意，否則就會變得很危險。不過，我認為不需要想得那麼嚴重，若需要解開瞑想，那就解開，之後再重新瞑想就好了。總之，如果有事擱在心裡，必須得去處理的話，那麼這樣的心情就會干擾瞑想。因此，自然地解開瞑想就可以了。

此外，有一種人是屬於不拘泥於形式的「靈感型」的人，這種人在日常生活中，就能進入接近瞑想的狀態。譬如，牛頓有個著名的故事，他錯把懷錶當成雞蛋，放進鍋裡煮了。此外，他看到隔壁養的貓生了小貓，感到著實可愛，便在母貓進入牆洞的旁邊，另開鑿出一個能讓小貓進出的小洞，卻沒有想到小貓完全可以走母貓進出的大洞。

有些人認為，牛頓可能不太具備生活能力，其實不然，那時牛頓只是幾乎進入了瞑想的狀態而已，在我們的周遭也會有人發生類似的事情。

蘇格拉底也是如此，他在某次兩軍交戰期間，竟然在戰場上一直站了三、四天，連砲彈轟過來都無動於衷，如此深入瞑想狀態是不簡單的。

像蘇格拉底和牛頓那樣不講究環境深入瞑想，當然不適合上班族，但可以選擇在搭乘交通工具時進行反省，也可以選擇在假日進行一兩個小時的反省之後，再進行瞑想。

以上講述了三種進入「極致瞑想」的條件。第一是相信佛神的存在，第二是否定自我我欲、私利私欲，第三是從異次元的角度觀察自己。然而，這三點在現代商業社會中行得通嗎？

在職場當中，若說徹底地相信佛神存在，別人可能會把你看成是個奇怪的人。若是說不可只重視自我我欲和自己的利益，但公司沒有利益又如何經營下去呢？說用異次元的角度看自己，又可能被別人看成是個不腳踏實地的人。如此看來，上班族基本上很難實踐，因為世間有許多事都違反這三個條件。

若想要實踐三種進入極致瞑想的條件，就必須先改變想法。即首先提高自己的實務能力。有的人在工作時間中業務堆積如山，總處理不完，這樣的人基本上不可能進入很好的瞑想狀態。

如何一邊工作，一邊像牛頓或蘇格拉底那樣進行瞑想呢？這就需要具有壓縮工作量的能力。即使有意料之外的工作出現，也須以最短的時間處理妥當，即使工作再忙，自己的心仍須處於輕鬆自若的狀態。當內心有了空間，才有可能接收靈感，這需要進入一種很寧靜或被動、接受的狀態。

因此，要讓自己在現實生活中也能進入瞑想狀態，就需要在現實生活中具備相當程度的事務處理能力。如果總有兩三件事讓你分心的話，就不能順利地瞑想，所以各位需要培養自己能夠在短暫時間內解決問題的能力。

公司職員隨著工作能力的提升，可以自由支配的時間也必然會增加。譬如，將需要一小時的工作量縮短十分鐘處理完成，提高自己的效率，以爭取時間。

當遇到了問題時，立即作出判斷，知道應該如何處理。譬如，在開始工作前，可以先把該做的工作瀏覽一遍，找出優先處理的順序。若是有好幾種解決問題的方法，可選擇成功率最高的方法著手。

各位要培養盡速找出答案，尋求協助，將不同的事情分段、分別予以解決，提高迅速切換工作的處理能力。

工作上亦可採取壓縮庫存的方法，就好比豐田汽車工廠的「看板生產方式」，當需求產生時就立即生產，盡量減少庫存壓力。

如果想擁有充足的時間調心養性，可是環境並非良好，就應將努力的重點放在提高自己的工作能力上。如果工作能力提高了十倍，就等於增加了十倍可運用的時間。至於如何運用這些時間，則可發揮創意。

如此將工作能力與瞑想能力關聯起來思考，就必定能有所改善。此外，在工作上集中精力，自然會形成一種意念，如果這意念朝向了黑暗負面世界的話，這將與瞑想境界背道而馳，這一點需要特別注意。

3 靈感體質與抵抗力

Q3

我在神社等宗教設施雙手合十時，不曉得雙手是否變成了天線，常常會感覺到有一股力量把自己向上拉起來。此外，當我在棉被裡進行瞑想時，也會感覺到有一股電流穿過自己。我向朋友推薦閱讀您的書籍，也有人在閱讀的時候，感受到像是電流穿過的狀態。另外，至今我想我還沒遇過像是惡魔一般的存在，但是當我走在路上時，有時會出現「眼前這個人，感覺不是很好」，進而會想要避開的念頭。

當我心念比較強的時候，的確是能夠將那些負面的意念、存在反彈回去，但終究還是有不足之處，因此有一些不安。對此能否請您給予指點？

在閱讀靈性方面的書籍時，有些人的頭部會出現過電一樣的感應。如果像有什麼東西刺入頭部產生麻木的感覺，便多是蛇靈所為；如果肩膀或腰部有刺痛感，則多是狐靈作怪。

靈性干擾的出現方式不大相同，頭部有刺痛感時，幾乎都是蛇靈來干擾。至於在有些宮廟等地方，便會遇到要求為其進行供養的靈等。所以靈性敏感體質的人前往這些地方進行祈禱，有時就會產生靈性感應了。不知真相的人反而以為是有了感應便欣喜若狂，但接下來的情形就會很糟，譬如頭暈目眩等。

所以容易產生類似感覺的人，事實上是具有靈性體質，因此還是盡量少去墓地或磁場不好的地方。

對於靈性感性也需要有正確的認識，當一股暖流湧上心口，淚流不止時，便是此人與自己的守護靈產生感應了。

此外還有一種情形，若是當打開我的書籍，每當開始學習真理知識時，身體便開始搖動，脖子和頭疼痛或耳鳴的話，就應該認識到其原因。

有些人無法閱讀真理書籍，或者是在聽到我的講演時，便會像耳鳴一樣根本聽不進去，這樣的人需要透過反省糾正自己的心。

對於以上兩種感應，需要予以區別對待，不可搞混。正確的感應應是內心產生溫暖的感覺。如果手腳冰涼或感到疼痛的話，當然不是件好事，這時應盡可能不要過度關注靈性的東西，暫且進行意識的切換為妙。

如果有了各種感應後，就不分青紅皂白地為之高興，各種靈性存在就會逐漸產生影響力。當不好的靈來干擾並有所感應時，此人便可以客觀地認識到自己是有靈性體質的人，並且不要過於沉迷其中。比方說，有時會聽到些什麼，特別是耳鳴時，對那些邪靈的干擾，絕對不要去聽。

對於瞑想實踐者來說，當然希望能夠與高級靈交流，獲得好的靈性體驗，所以會非常投入。但如果很明顯地沒有溫暖感受，就不要太過於深入，先讓自己暫時停止瞑想為好。

這也代表自己應該回到日常生活中，重新鍛鍊自己。把工作做好、生活過好，正常作息，適當睡眠，攝足營養和培養好體力。嚴重睡眠不足的人，應該盡量不要瞑想，因為這麼做非常危險。

首先應該調整好自己的身體狀況，患有失眠症的人，不可能接收到高級靈的指導。健康生活是根本，如果不是「正常」的狀態，高級靈就不會與之互動共鳴。

身體好比是一個測量器，如果整天都在抱怨，心懷不滿，就會影響心的狀態，很多情況是身體狀況很差所引起。因此應該有適當的睡眠時間，補充營養和做適度的身體鍛鍊。體力與靈性抵抗力有關，如果沒有一定的體力，就無法將各種不好的靈性干擾反彈回去。

我的小腹有點突出，所以反彈的機率開始變強，在發展幸福科學的過程中，我的體型也開始不斷發展。正如「三界唯心所現」，即便遭逢各種困難，不管是幸福科學還是我的體型，都不斷地有所發展。各位啊！維持標準體重可不好喔！當心變得豐盈時，體型就會逐漸發展，並且伴隨著發展，抵抗力就會跟上。

所以，若是現在有人出現了靈障，或者是因為惡靈的影響，導致狀況不佳的話，或許增加自己的體重也是解決方法之一。就我的體驗來說，增加一公斤，就能增加反彈一個惡靈的力量；增加五公斤，就等於增加了能將五個惡靈反彈回去的力量。因此，苦惱於靈障的人，不可總是猶豫不絕，這樣體重是無法增加的。

姑且先試著增加五公斤吧！當增加了五公斤之後，就會出現某種自信，若是出現了小腹，即會變得比較寬容，效果可是極佳喔！不過，要留意不可讓自己出現成人病，時而鍛鍊自己的身體也是很重要。

第四章

「幸福瞑想法」講義

1 直接傳授的瞑想法

我收到了一個請求，那就是希望我對於《幸福瞑想法》（現今收錄於《大川隆法靈言全集》別卷3、別卷5），以及對於今年（一九八七年）能做出總結，所以在此我想針對瞑想的整體進行講話。

我想各位已經讀過了這本《幸福瞑想法》，身為作者，我想要針對這本書的定位以及在書中未能闡釋的內容，進行說明。

這本《幸福瞑想法》，是在今年一月中旬，僅花三天的時間便製作而出。

內容皆為靈示，所以三天便能完成，也不是什麼不可思議的事。當時我是抱持著希望能多方面闡述瞑想的方法、階段的想法，進而製作。

在那本書一開始我講述了概論，之後則是道元禪師講述了「禪的瞑想」、老子講述了「無為自然的瞑想」、天臺智顗「止觀瞑想」、日蓮「人際關係協調的瞑想」、天照大神「光的瞑想」、天御中主神「幸福的瞑想」、谷口雅春「希望的瞑想」、耶穌・基督「實現自己的瞑想」、康德「頭腦變好的瞑想」等內容。

或許各位無法完全接受書中的內容，但想必各位內心有著共鳴之處。

如果內容是真實的話，那可是不得了的事。因為在過去不曾有過如此偉大的人們，直接傳授瞑想法。

書，不應該讀完就了事，也不要把書中內容單純當作知識吸收，應在有所理解的基礎上積極地去實踐，建立起更寬廣的人生觀與世界觀，在自己周遭打造各種新的成長環境。

在我的著作中，包含著所有可以讓人們幸福的原理，我希望各位透過對本書的學習與實踐，掌握幸福的極致瞑想。

在那本書中，最核心的即是天御中主神所傳授的「幸福的瞑想」，那也成為了此書的書名。藉由知悉那般想法，或許各位的實力就會變為兩倍、三倍。

譬如，天御中主神提到了「這個『幸福的瞑想』，亦可稱之為

『發展的瞑想』。人可以透過心眼，看到能夠發展得更為幸福的方法」。的確，如果不經他這麼提醒，有時實在是難以察覺。

在人生的數十年中，總會遇到各種挫折，產生不幸的感覺與悲傷，並受其影響。當遇到某些不利的狀況時，也會以本能自我保護。當類似的情景出現時，又會回想起過去的傷痛，擔心再受同樣的痛苦煎熬，如此，負面思考便時常堵塞住自己的心靈。

對此，天御中主神說「不可如此」。只靠忘記不幸的感覺，幸福還是不會到來，因為令人感傷的事總會發生。做人需要修行，其要點在於不管在什麼情況下，都要從當下發現和播下幸福的種子。

這雖說是一種「光明思考」，未必與我講述的教義體系完全一致，但也是一種勇氣的原理，我們需要探究多樣性的價值觀。

若問我為何主張「探究正心」，為何需要探究多樣性的價值觀，答案即是由各式各樣的事物當中皆可發現真理價值，皆可發現佛神之光。所以尋找和播下幸福的種子，就是在發現和普及佛神之光。

2 必須具備感受的控制能力

我們每天都會接觸到各種人，也會感受到別人的某些負面能量。有些人在看到了別人的缺點時，便會洋洋得意。雖說能找出別人的缺點，或許能成為自己頭腦還不遲鈍的證明，但這並不是高度的精神層面，不過如此而已。因為找別人的缺點或暴露別人不太光彩的地方，這個舉動本身並不能證明自己是個優秀的人。

應該如何正確地看待他人呢？首先，對他人的外表及心地乃至人生態度不可無動於衷、不可毫無感動。如果不能從他人的人生態度中發現光輝燦爛的真理之光，就還不能說觀點正確，不能說自己已有覺悟、不能說自己正在修行。

假如要我找出各位的缺點，我是可以看得很清楚，但我不這麼做，如此各位才能安心地與我相處，因為我不是專挖人隱私的人。如果我是有專找別人毛病壞習慣的人，恐怕別人見到我就會退避三舍。如果我總是對別人說三道四，或是在性格上嘮叨不休，恐怕別人見了我都會繞道而行。我不喜歡找他人毛病，所以人們對我會有親近感。

這種親近、安心的感覺，對於人際關係中的和諧是非常重要的。如果你身旁的人，是個會立刻將你的缺點揭露出來的人，那又怎麼能讓人安心呢？

當發現了他人的缺點時，不應將其缺點擴大，而是應該盡可能將他人的長處放大。要做到這一點，其出發點就是要具有多樣性的價值觀，博學多聞，還要知道他人內心的想法，理解他人的思考方式，這樣的認知是出發點。常言道：「知一切便可諒解一切。」於不知中易產生誤解，造成不幸。

我在《太陽之法》（台灣幸福科學出版）一書中指出，惡的產生原因，並非惡本身是真實的存在，而是由於人被賦予了自由意志，彼此的自由意志與自由意志之間有碰撞、磨擦，於是便產生了扭曲的形態，這就是惡的產生原因所在。

我在看待他人時，會發現每個人的身上都有非常優秀的一面。雖然人們身上都有優點，可是一旦彼此生活在一起或在一起做事時，便會出現意見對立的狀況。

這種對立，如果是屬於具有建設性的討論的話，將會引導出較好的結果。但有時這種對立、互不相讓、各持己見，繼續發展下去就會產生惡。

過去，我曾接到了許多關於人生問題的諮詢，我無法一一回覆，對此感到很遺憾。他們的煩惱和抱怨，若從整體上來看，大概九成以上的人都認為自己沒錯，錯誤都出在他人身上或環境。對於持此看法的人，很難給予恰當的建議。

因為，他們總是把不幸的原因歸咎於家人、兄弟姊妹或環境，歸咎到他人身上。你無法改變有兄弟姊妹和父母關係的現狀，也無法改變周圍的環境，更改變不了其不幸的情形。唯一能夠改變的部分，即是你如何感受眼前的事實，如何把握事實的因果，如何把它當作今後人生成長的食糧。環境本身是改變不了的，不會因為有我幫助祈禱，此人周圍的環境就變得理想。

所以，當自己想把煩惱告訴別人之前，自己應該先想辦法解決，而不是讓自己的朋友去想辦法、不是讓老師幫你想辦法，或是把自己的問題丟給公司的同事。如果是抱持著這種想法的人，別人的建議將不會有效果。

我希望人們從調整自己的心做起。人能夠感受到各式各樣的事物，一天會有許多感受，我希望各位此時應內省自己的這些感受是否正確？在聽到別人的話後，自己的反應和感受是心靈本來的姿態嗎？我希望各位能觀察自己條件反射性的感受。

不同的人對待同樣的事物，會有各種不同的看法。譬如，將他人對你的安慰和鼓勵的話，聽成是虛假的奉承和陷害的話等，各位應時常自我檢查這種感受是否是正確的。各位可從第三者的立場來檢視自己，或許錯誤不在別人身上，而是自己的感受出現了錯誤，須知自己的觀感與感受未必總是正確的。

譬如，某人無心地丟過來一句話，那句話本身或許很令人不快，如果聽後不在意也就不成問題了。可若是你把它視為損害了個人自尊的重大問題，並強烈地予以反駁的話，那麼，兩人口角爭論不休，彼此的裂痕與恩怨就會擴大。

這原因究竟出在哪裡呢？這就是自己的感受出了問題，是自己在感受能力上有所欠缺。

我在感受能力方面也很細膩，能夠感受到各種事物，但幸運的是，我在感受的控制能力上也很強。譬如，對許多人的評論完全沒有感覺，正直地待人處事。

為何能夠做到這一步呢？因為我具有從多元角度觀察事物的能力。對無益之事不去反覆琢磨，因為那只會使內心掀起波瀾。

從瞑想的話題來說，瞑想的極致就是指這個部分，要怎麼做才能讓自己的內心不起波瀾，能否做到這一點，即可視為瞑想的出發點。

進行瞑想，一定要注意在自己內心掀起波瀾的感情部分，努力讓這個波瀾平靜下來，即使受到了強烈的刺激，也要進行調整，使自己處於不動之境地。

3 避免與人接觸的方法

在瞑想具體實踐方法中，有一種避免與人接觸的方法。自古以來，許多宗教人士常這樣做，或在洞窟裡瞑想，或到荒郊野外沒有人認識自己的小村落隱居等，用這種方法減少與人接觸的機會，這種方法至今仍有其效。

一個人在獨處時調心並不難，從這個意義上而言，瞑想初學者把握獨處的時間與空間，這本身就很重要。

但在現代社會，人們每天都忙碌不休，想隱居瞑想很困難。更何況越是能力高強的人，其存在價值就越會受到社會的肯定，於是就需要有多重身分的生活，加倍忙碌。現今已不是每個人只做好一件事，就能夠得到好評的時代了，地位較高的人或領導者總是很忙碌，甚至有許多人因此失去了個人生活。

原本「瞑想」的功能與作用，就是能夠讓那些靈魂優秀的人，增加兩三倍、五倍甚至十倍、百倍的能力，瞑想是一種增強能力的方法。

因此，真正在社會上擁有重要地位的人、真正忙碌的人，反而越需要重視瞑想，藉由瞑想發揮自己的潛能。然而許多人做不到，此時該怎麼辦呢？

方法，即在清靜處調心。如此一來，瞑想者既可以避免在與別人接觸中引起風波，又能夠不受他人意念的影響。

如果實在無法避免與別人接觸，也免不了會接收到他人的想法時，又應該如何處理呢？

每個人都有各自不同的想法和行動，這是無法改變的事實，但自己卻能夠改變對各種事物的評價，以及如何看待這些事情並予以運用。如果認識到了這一點，就需要每天做不使內心煩亂的修行。

4 克服煩惱的二分法

在心情不好時要儘快做意識轉換，必須做這樣的自我訓練。若不解說恐怕不容易理解，因為幾乎沒有人針對這類問題給予相關的指導，學校的老師也不會教學生。可以說，這是一個內心世界的盲點。

首先，需要重新審視自己思考的內容。如果人在一天中清醒著的時間大約有十六小時的話，那麼，自己在這些時間中都在想些什麼呢？

人的內心有時就像個雜貨箱，堆積著許多雜物，當看到了這些不淨的東西後，便會感到羞恥。

雜物是怎樣堆積起來的呢？這需要認真地反省，其緣由大多是來自徬徨、迷惑及日常的煩惱。

世上完全沒有煩惱的人根本不存在，有誰能說自己是沒有煩惱的人呢？如果有人認為自己的煩惱很特殊，是別人絕對沒有的，從某種角度來看，這種想法是非常傲慢的。其實根本沒有必要與別人比較誰的煩惱多，誰的煩惱複雜等。如果自認為比別人的煩惱多，就代表自己非常傲慢，不瞭解別人，天底下和自己有相同煩惱的人比比皆是。

對於煩惱的問題，必須認識到某個煩惱並非自己專屬，有很多持有相同煩惱的人，也有很多與自己有相同處境的人。我們必須從這樣的觀點來觀察自己，看清自己的內心狀況，深入地反省。在此，需要探討和尋找出具體實踐的方法。

煩惱的真面目，就在於自己持續地被這些問題所牽制和糾纏。須知，做人有煩惱是理所當然的事，問題在於自己要如何去解決這些煩惱，必須認識到自己在這方面存在的問題為何。

當遇到煩惱時，有必要把事情做二分法思考——這個煩惱是自己能解決的？還是即使煩惱下去也無法解決的問題。此外，還可以增加一個時間分析法，即這個問題是否不經過時間的洗禮，是難以解決的？

一看即可解決的問題，就不會成為煩惱。而翻來覆去地想，折磨自己也解決不了的問題，即是很棘手的煩惱了，這屬於灰色地帶，或許經過一段時間後才能找到答案。

煩惱的絕大部分，是因為對這種灰色地帶產生不安，或許目前無法解決，甚至過了三個月、六個月乃至於一年後都得不出結論。人會因得不出結論而產生不安的感覺，擔心出現的結果會對自己不利，這種情形佔據了煩惱的大部分。

對自己內心存在的那種「不知煩惱會向何處發展」的不安，如何化解才是關鍵所在。

如何化解內心的不安呢？煩惱，並不是靠煩惱就能解決。譬如，自己想當總統等，這不是說說就能實現的問題。

不過有些問題，是順其自然就能解決的。譬如，開會時希望會議能馬上結束，自己可以提早離開，然而看看手錶還有四十五分鐘才能結束，也就是說四十五分鐘內走不了。但這畢竟是早晚能解決的問題，不需要去煩惱。

解決煩惱，其要點在於自己以怎樣的價值觀去判斷和處理。方法有很多種，最重要的是不可讓自己成為不安的俘虜，不要讓不安的心情支配自己。

5 累積小成功經驗

如何克服內心不安的感覺呢？最關鍵的做法就是建立自信，衝破難關的關鍵也是要擁有自信。自信來自於兩個「泉源」。

第一個泉源即是：「如果自己過去已遇到過很多問題並都能加以解決，若有這樣的成績，就說明接下來的問題應該不會解決不了」的如此想法。當各位回顧過去時會發現，即使有困難出現，但總會有突破和解決問題的切入點。既然有這種經驗，就應該相信未來發生的事情和未知的問題，完全可以找到解決之道。

所以說「累積小成功的經驗」非常重要，因為它可以成為日後在解決問題時，幫助自己克服及面對未知的不安心情。

未來還會發生什麼問題，在不知道的情況下難免產生不安。而要找到可能發生的問題的解決方法，就應該盡可能地累積更多小成功的經驗，增強自己的實力，按部就班前進。

有了這些小成功的經驗，在面對未知時的抵抗力就會增強。雖然在昨天或是前天遇到某種問題，一年前或五年、十年前也都遭遇過各種類似的問題，卻都能逐一克服解決。於是你就可以相信，自己有能力可以解決問題。也許這種自信是一種對己心的信賴，或一種對朋友的信賴。總之，這種自信可使你獲得各種力量，協助你度過危機。

6 從靈性體驗中產生的自信

自信的第二個泉源，不僅是在世間累積成功體驗，還認識到自己是身為神子。可以自問，身為神子的自己，對於自己的心靈實相瞭解以及掌握了多少呢？當進行這種自我反省時，應能產生很大的自信。

確信自己就是神子，就能夠在受到任何影響時，構築成為不動搖的「不動心」。

那麼，如何確信自己是神子呢？這已是一種靈性體驗了。我在將近七年前（說法當時）即曾經有過這樣的靈性體驗，它讓我對真實世界有了更深入的體悟，因此形成了產生自信的源泉。可見其根本道理即是，凡是對自己是神子持有自信的人，就能建立起堅強的自信，而不是盲目地只相信自己。

瞑想可以幫助我們完成這個靈性體驗，可以從中掌握到自己是神子的本質。

我能夠經常在眾人面前演講說法，前提是我並非一人隱居，我和各位一樣過著社會生活。我希望能夠協助人們建立起信心，在日常生活中建立「不動心」，克服面對未來的種種不安。

具體方法如上述，「累積小成功經驗」和「確立自己是神子」的認識。如此一來即能從日常生活中，體悟心靈世界的真相。

接下來，我再把話題轉到瞑想上來。

如果有人問到底什麼是「瞑想」？只要閱讀本書，就會有一定的基本認識了。瞑想當然具有正面性和精神性價值。在這個前提下，很多人認為瞑想好像不錯，因此開始進行瞑想。但也有人不認為透過瞑想過程，可以解決人生中的某些問題。

從瞑想的字面意思，即閉上眼睛用心思考。為何需要閉目？這是為了讓我們的心靈與外界隔絕，遮斷與三次元物質世界的波動，同時也遮斷我們對於物質世界的波動，這即「瞑」的意思所在。

「想」的意思自然是思考或想法，但此處並非是指整天往來於頭腦的各種念頭。瞑想的「想」是一種更具深度，可進入內心潛意識的想法，或許可以說是一種心靈創意。

瞑想的「想」之深層是「念」的部分，兩者之間有差異，「想」不具備「念」的物理性力量。「想」雖然具備一定的方向性與範圍，擁有目的性，但尚有些模糊，還不能將意念集中到能產生物理性力量。

在「瞑想」中遮斷心靈與世間三次元性的波動，進而使探究心靈世界成為可能，讓自己面對真實的自己，從中發現自己存在的本質與意義等。

與「瞑想」類似形式的有「禪定」，有人認為兩者本質幾乎相同，也有人認為兩者不同。「禪定」具有佛教色彩，這樣看的話範圍或許比較狹窄。

禪定的重點在於加強精神統一能力和方向，就此意義而言，禪定是指「拂拭附著在心靈本質周圍的塵埃，同時在內心建立與佛相通的光柱」，這是禪定。

我認為，用瞑想一詞來講，在今天或許具有更多樣的心靈創造性。

瞑想或許更具有一些寬容，它可以承認具有一定目的性的心之作用存在，其中也包含積極的創造作用。

7 切斷心中的糾葛

在瞑想實修練習中，可以磨練如行雲流水、不被拘束、自由自在的心。

當溪流出現阻塞時，會阻礙自由自在地流淌。很多人在看到溪流被阻塞時，不去排除，而是去尋找其它理由和方法。要知道，當溪流阻塞，水位暴漲而決堤時，會迫使溪流改變方向。

最簡單的解決方法，就是排除阻塞雜物，不被其所牽制，逐一排除，讓溪流順暢。

放任擱置絕不是好方法，雜物會持續增加，煩惱不斷。每天清理己心，讓自己了無牽掛是有效的方法，這也是正確的生活態度。要想讓自己的心像溪流潺潺，首先必須瞭解自己內心的糾葛和焦慮的原因何在。

難道煩惱不就正是在不知佛法真理之基本時才產生的嗎？難道不是因為自己的欲望與現實有差距，才產生困惑的嗎？或許自己在出發點上就出現了錯誤。

老子和莊子的無為自然思想給了我們提示。人需要深入地瞭解心靈根源的價值，當你似乎被逼得山窮水盡時，你應該看到自己的生命不是正在發光嗎？應該發現自己擁有像鑽石般閃亮的心靈。

你只抱怨自己的心靈鑽石表面沾滿了汙垢，但你千萬不可錯估其價值。人的本質如鑽石般可貴，而附著在鑽石表面的汙垢，最終會被風吹走、被拂拭，潔淨如初，理想的自己最終還是接近大自然的姿態。

大自然是無須修飾的，河川做為河川在流淌，草原做為草原，一望無際，樹木做為樹木，鳥兒做為鳥兒，自由地飛翔，魚兒做為魚兒，在水中暢游，一切都在無牽無掛地體驗著生命的快樂。

當人能夠自然面對生命時，會發現做為佛神之子，應該具有理想。萬物都是在為了體現這理想，而呈現自然的姿態，既然如此，人為何要勉強地去思考問題和裝飾自己，讓自己苦惱呢？這不正是因為人的自以為是，認為自己與眾不同所導致的嗎？所以需要斬斷這樣的迷惑，這是老莊思想的重點。

人很容易異想天開地創造一些理想願景，但有時這個理想願景並不符合自己的本質，無法讓自己的本性發揮到最大。這些自己認為的理想願景，多半是受到旁人的看法影響所致，將他人的看法強套用在自己身上，當發現與現實的落差很大時，就會抱怨牢騷，這種狀況很常見。

然而，當我們觀察大自然時就會發現，一切生命都被賦予了各自的位置。花朵有色有形，為何自己會有這種顏色、有這種形狀，花朵本身並未要求誰來做說明。大理花沒有要求自己要成為鬱金香，一心做自己同樣能展現美麗之姿和尊嚴。與花相比，人應該感到慚愧，這即是老莊思想。

雖說這是一個寬廣的思想，能幫助人們回歸原點和檢視自己的本質，但事實上它並不包括真理的全部，只是真理的一部分而已。如果認為這是真理的全部，那麼人就不需要努力了。對於人類文明的流轉，從老莊思想的觀點出發，應該如何看待呢？難道人就不需要任何進步與發展嗎？這也是必須思考的問題，對此，老莊思想未必能一語道破。

世間尚且渺小，人生活在這渺小的世間，有時心中會產生糾葛。然而在切斷心中糾葛的心念時，卻能夠創造出偉大的力量。當我們認識到這偉大的力量時，就應該予以運用，透過瞑想加以實踐。

8 從「一」中發現「一切」

另外，還有一種類似的思考，即「知足的瞑想」。人非常得天獨厚，請各位再次確認一下，自己目前的狀況是否是理所當然的？這得天獨厚的事實很難與其它事物進行比較，因此價值認定或判斷，只能靠個人的主觀進行。

如果你認為現在的狀況毫無價值，你就會覺得這些一點也不重要。但若從不同角度，從真理的觀點去看待事物的話，就會發現其難能可貴之處和無限的價值存在。

從另一個角度來看，當有機會與真理結緣，並在真理中生活，知道自己很幸福時，或許會感到一切已經滿足。那麼，人是否還需要有更多的追求呢？

為什麼總希望得到他人的稱讚？為什麼總希望看到別人羨慕的眼光？為什麼總希望上司誇獎你、部下崇拜你？關於諸如此類的問題，當有了知足想法後，你就會發現一種絕對價值。

有些人除非將所有的東西都拿到手，否則不能感到滿足。這個也想要，那個也想要，只要別人認為不錯的東西都想得到，佔為己有。須知，還有另外一種生活方式，即在「一」中發現「一切」。

有些人認為，除非我走遍全世界，否則無法瞭解佛神創造的世界。然而卻有些人能從一朵花中，看出佛神創造的世界之美好。這種能力，每個人都有，這是價值發現、真理發現。

很多人不這樣做的原因，即是讓自己「想要這個、想要那個」的欲望任性發揮，其結果是把自己做為人的價值看得渺小。

針對「知足的瞑想」，若我重新加以解釋，那就是我希望各位能在一個事物中，發現所有事物的共通性，要培養「從一個事物的價值中，展望神創造之世界」的眼光。

請相信，其中能發展出你人生道路中的一切可能。

知足，不是說一無所有很好，也不是說吃飯最好八分飽。它的根本重點在於，世界上所有事物的內部，都具有能與神相通的本質部分。

既然如此，在我們享受得天獨厚的同時，應擁抱佛神的榮光。

不要被貪欲所牽制，應時常反省和觀察自己，體察接受著神莫大的慈愛。

9 原諒與寬容的原理

此外，還有一個日蓮聖人所指導的「人際關係協調的瞑想」。人生活這個世間，保持和諧的人際關係很重要。人活在這世間當中，有著「能隨心所欲之事」以及「無法隨心所欲之事」。最典型無法隨心所欲之事，即是「他人的心情」。

當我站在講臺面對聽眾講演時，可以帶給各位某些影響，但很難改變各位的心，我無法將人們每天思考的事情，都納入我的支配之下。

每個人的心都是屬於自己的「王國」，「心的王國」只有自己能控制。反過來說，它也有難以自由的層面，而煩惱，就是不自由的一面。

煩惱的根源，在於有他人存在，日蓮聖人也是如此述說。如果只有一個人住在世界上，也就不會有任何煩惱。如果沒有任何其他人存在的話，沒有了煩惱，靈魂也就沒辦法進步了。當你瞭解靈魂需要進步的心靈實相時，他人的存在就變得非常重要了。但他人卻會讓自己產生煩惱與痛苦，所以說，它的影響具有兩面性。

解決煩惱的方法，是承認他人存在的價值。譬如，某人批評自己，說了令人感到不快之事，但從另一個角度來看，這或許對自己也有好處。至少這個批評可以刺激自己更加努力，讓自己瞭解自己並不完美，或許自己能變得更加謙虛。

在正確看待他人的同時，還必須瞭解他人會如何看待自己。雖然他人未必完美，但在他人眼中的自己也未必完美。

冷靜地觀察與反省，能夠使各位解決問題。為什麼他人和自己之間會產生不和諧的關係？為什麼別人總講一些討厭自己的話？當各位深入思考後便會發現，其實自己沒有完全的理解對方。或許各位以前認為自己沒有被他人理解，但事實上你也沒有理解他人。

儘管事實如此，許多人還是只認為，自己沒有得到他人的理解，經常想「自己被某人誤解了」。對方到底瞭解你多少呢？對方瞭解你百分之十？還是百分之五十？

然而各位又瞭解對方多少呢？各位或許會認為自己百分之百地

瞭解對方，但若是有這種想法，問題就難解決了。因為這樣的想法太固執了，即使各位認為自己非常理解對方，其實卻未必如此。

只要仔細地思考就能明白，當與他人產生不和諧的關係時，原因多在彼此不能相互理解。這說明彼此互不理解的責任未必只在對方身上，自己也有責任。

各位可能不完全瞭解對方，如此就不可以期待對方完全瞭解你，各位不可偏離這非常根本的想法。自己總有一些對方看不出來的層面，對方也有些讓我們看不清楚的地方，這就是各位思考人際關係時，所應抱持的出發點。

我們必須瞭解，人的看法不可能一致，自己也不可能瞭解一切。當認知了這個道理後，便可讓我們產生寬容之心。

任何人都是佛神所創造、有個性的「作品」，即使是著名藝術家所畫的圖畫，也不是所有人都會喜歡。大畫家的作品可能時好時壞，但其中必有價值發光的部分。一幅畫的好壞，不僅僅是畫者的水準問題，有時也與觀賞者的眼光有關。

當我們瞭解多樣的價值而產生了人特有的寬容時，就會因此原諒別人。

請各位要注意的是，單純的人很善良，對任何人都原諒的做法，與學習精進中自知不足而產生的寬容之心，兩者在本質上完全不同。

10 佛神理想中的自我實現

我在此提醒各位，在做自我實現型和自我發展型的瞑想時，在出發點和方向上不可偏離正道。

正確的「自我實現」，不是指自愛方向上的自我實現，不是只發揮自己的長處就可以了，而是必須建立在為了接近佛神理想的思考基礎上。

譬如，一個組織會有不同的分工，有的人喜歡展現自我，想做舞臺工作，卻被派去做幕後工作。於是心中便產生了一些想法，舞臺工作可以讓很多人看到自己出色的表現，但被埋沒在幕後，認為自己做的工作不適合自己，自己的特長沒有派上用場。

這雖然是小事，卻常會發生，可是請不要為這樣的小事執著不休。各位應該要知道，還有更偉大的理想、還有佛神的理想要去實現。我們的存在本身，就是為了實現這美好的理想。

不要只是為了自己拚命努力，如果出發點錯了的話，即使是在傳播真理也會出現錯誤。

如果在出發點有問題，即使來到學習真理的地方，也會想高人一等的表現自己。

在根本的想法上，不可偏離正道，自己是為了實現偉大的佛神的理想而努力。

當然，人會有各種想法，並希望得到自我實現。但想法應該保持在一個方向上，即在實現佛神的理想上，自己是否是個有用之人，並在這個方向上進行判斷和行動，這個觀點不可偏離。

為了讓別人承認自己很偉大，利用真理來炫耀自己等，當產生了這種想法的瞬間，其前進的步伐便終止了，再繼續走下去的話，就會掉下懸崖絕壁。

沒有理解自我實現的根本意義與價值的想法，偏離了佛神之心，如此，將不可能得到真正的實現。

根本佛創造了宇宙，宇宙中有地球，地球上有國家，國家中有城市，城市中有建築物，建築物中有各位。這就是自己的存在定位，切不可忘記。

最終，人猶如在巨大的佛神之掌中活動，不要盲目地自大，忙碌拚命。

11 宏觀與微觀

人的意識可擴展至如宇宙之大，但這也未必表示自己就很偉大了。做人畢竟具有其使命，即在這三次元世間必須擔負起自己的職責。自己能否完成適合佛神之心的職責，即決定了自己死後靈魂將何去何從。

墮落到地獄的人，多是在這個問題上出現錯誤，他們忘記了自己是生活在佛神所創造的世界中，忘記了自己是被賦予了某些職責的存在，因而產生了自大的傲慢想法，這是錯誤的起因。當自己認為所有人都必須按照自己的想法做事時，傲慢心與錯誤便產生了。

我們必須知道，自己處於群體之中，需要認清自己的定位在哪裡。做為個體的自己內心也宿有無限的佛神之光，身為佛神之子，需要以宏觀及微觀的兩種眼光，去看待和觀察事物。

當感到自己微不足道、自卑時，就應該發現到自己是佛神之子並為此感到光榮；當自己獲得成功，而傲慢地想按自己的意志控制別人時，就必須認識到自己只不過是大宇宙之一員而已。

即使在反省與瞑想中，宏觀與微觀也是最重要的兩個觀點。細微之處可發現佛神之光閃爍，在遼闊的大宇宙中亦可發現渺小的自己。請用這兩種發現，兩種觀點，重新回顧自己的生活方式吧！如此進一步實踐，就一定能掌握瞑想的真髓。

第五章

「幸福瞑想法」之提問與解答

1 適合老年失智症患者的瞑想法

Q1

瞑想對我來說非常有助益，感謝您的指導。

我想請教關於我祖母的問題。過去我祖母曾閱讀過您的書籍，並且在她還健康的時候，靈道就打開來，進而能接收到來自於日本神道之靈的訊息。然而，大約從三年前開始，她罹患了老年失智症。

對於如此因為疾病無法維持正常意識的人來說，我們要如何透過瞑想來告訴此人，要自覺於自己是神子呢？

羅患老年失智症的人要進行精神統一很不容易，此人幾乎無法主動進入瞑想狀態。

從瞑想的種類來講，進行人際關係和諧的瞑想會比較適合。但是在此，應做瞑想的人不是患者本人，而是他的家人。方法是在進行精神統一的過程中，於內心具體地描繪患者如往日一樣健康的姿態，生動地描繪康復後快樂生活的情形。如果每天用一定的時間在心裡描繪這樣的心象，就能夠形成一種能量的源泉。

人生活在世間因為還有肉體，所以無法隨心所欲。然而在靈界，心念即一切，心想事成，這是心靈世界的法則。

不過三次元世間絕非與四次元靈界隔絕，而是與四次元以上的靈界組成一種多重構造，同時存在。因此，雖然生活在三次元世間，仍然會接受到四次元以上靈界運轉影響，只是在顯現方式上需要一定的時間，心念在得到實現的過程中，多少會遇到某些波折。

所以老年失智症患者的家人，首先要在內心生動地描繪患者健康的姿態，早日康復的樣子。

另一種方法，即在內心描繪患者康復情形的同時，探尋其生病的原因。老年失智症有肉體上的原因，更有靈性的原因，很多情況是惡靈附身所致。有些人在健康時曾打開了靈道，卻由於沒有正確的靈界知識，不少人會被不只一個惡靈附身。

之所以會被惡靈附身，說明了本人內心有被附身的某種原因。

要解除附身現象，反省自身的錯誤是值得推薦的方法。如果當事人沒有能力進行反省的話，就需要其他人一起進行同樣的反省，看看自己是否也持有與患者相同的病因。

如果家庭關係不和諧是一個原因的話，就需要一一做反省，清除內心的汙垢。總之，在病人無法自主做出判斷時，周遭的人就應該付出努力。

此外，還有一種方法，如果消除黑暗的力量太薄弱時，就需要增強光明度。當家庭內部有不和諧的陰影或內心出現了陰暗面時，沒有足夠照亮別人的光能，此時就需要努力增加自己的光能。以無法阻擋之光能、無法抗拒之善念和必定實現之希望，趕走黑暗，我希望各位在這個方法上用心。

2 身體狀況不佳時不可進行瞑想

Q2

在心境不佳或身體狀況不佳的時候，是否應該要避免瞑想呢？還是反倒是需要進行瞑想才好呢？又或者是可以進行哪一種瞑想呢？

當身體有極度的疲勞感時，最好先恢復體力。譬如，在嚴重缺少睡眠時，就應該先補足睡眠養身。上班勞累，下班就先休息，讓身心放鬆，等待精神恢復。此外，酗酒後不可進行瞑想，瞑想與身體的狀況優劣有著密切關係，如果在身體狀況極差時進行瞑想，很有可能會受到各種低級靈的騷擾。

當工作極度疲勞回家後，內心充滿了當天遇見許多人時的雜念及負面影響，肉體勞累，在這種狀態下不應進行瞑想，應該先讓自己恢復體力。譬如，在周末時補足睡眠等。

有些人則是因為運動不足，才容易導致身體疲勞，此時需要加強身體鍛鍊。

有些人每天很晚回家，三百六十五天都很忙，想要瞑想卻沒有時間。在這種情況下，可以先靜靜地進行呼吸法，把重點放在調整心的波長上，先透過深呼吸讓精神集中統一。

我曾在國際商社工作過，那時的我，平日會受到各種雜念和負面波動的影響。因波長不同，很難與高級靈交流，如果強行進行瞑想的話，反會招來低級靈。

瞑想的重點未必在姿勢上，但必須讓脊椎骨伸直，反覆地進行深呼吸，確認能量是否進入。呼吸法能夠舒緩疲憊的身心，當你深深地吸氣時，有吸收遍佈於大宇宙各種能量的作用。

一般來說要用丹田呼吸，丹田是心靈中樞之一。能把丹田之氣調理妥當，便能調整好心的波長，人的身體有許多能量集結穴位。

使用呼吸法，吸收天上界之光能使其進入己心。僅僅是單純的調整呼吸，也可讓己心得到相當程度的和諧。在家裡或在職場都可以做，當各位生氣腦部充血時、當各位心情雜亂無章時，請實踐一下丹田呼吸法吧！

這樣做可以使各位冷靜下來，當各位想痛斥別人的時候，也不妨將意識集中在下腹丹田部位，進行呼吸法，調整身心，這可以讓靈性光能入體內。在以呼吸調整身體節奏的同時，天上界之光能也會進入各位的身體，守護靈會給予你光的能量。

人的靈性素質越高，就越加敏感。進行呼吸法，能讓天上界之光能從上而下快速進入心靈，能夠感覺到從胸部到腹部有一股暖流驅動，這是佛神之光進入了身心。

除了呼吸法之外，不要過於勉強。在身體狀況不好時進行精神統一，容易惹來各種低級意識靈干擾，應避免這種情況發生。

我曾講過，瞑想時若身體出現嚴重搖晃的狀況，多為靈附身的結果。因此，如果身體前後左右搖晃，不妨就請暫時退出，到較明亮的地方先進行自我反省。

瞑想未必需要在黯淡燈光下進行，比較明亮的地方反而不太容易受到負面靈性影響。某些持目的性的瞑想還可睜開眼睛，拿著紙和筆進行。

當身體的狀況極度惡劣時，特別是精神狀況不好時，建議以反省瞑想為主，不要進行發展性的瞑想。肉體與心靈實為一體，所以從兩方面都做調整很重要。不要認為只有精神重要而忽視肉體，身心兩方面都必須和諧。

疲勞也有營養不足等原因，飲食、運動和睡眠都需要重視。當身體狀況良好時，再進行瞑想，這是給忙碌的現代人的處方箋。

3 反省與忘卻

Q3

我想請教關於反省及忘卻一事。有人說，自己雖然做了反省，但不知道自己到底反省出什麼樣的結果。又有人說，反省僅是讓自己一直往後看，沒有辦法有所前進。還有人質疑，反省到底是好還是不好，也不知到自己需不需要反省。

此外，您曾說過反省是神賜予人們的慈悲，而讓人能夠忘卻也是神的意志。然而，我想也有人「忘卻了」，但回到來世之後發現自己身陷地獄。關於反省和忘卻，到底該如何看待才好？

以反省為中心學習教義的人，喜歡逢人便勸勉，建議對方常進行反省。

反省的確是修行之王道，從反省入門比較不易出錯，這是事實。我曾經談過有關自我實現和光明思想等問題，光明思想系統的人最危險之處，即如果在「自我」意識過於強大時發揮光明思想的話，就很容易犯錯誤。因為看不清自己，在溺愛自己的心態下發揮光明思想，就容易冒進亂衝，在沒注意到他人的情況下，給他人添了麻煩，自己卻毫無所知。所以，前進的想法與反省必須平衡。

有關「忘卻」的問題應如何理解呢？當自己的精神不佳時進

行反省，可能很難深入。雖然像是在反省，實際上卻是在表面團團轉。

譬如，上班族會遇到業績不佳、公司倒閉等狀況，有些人還會有被炒魷魚的危機。有些人為公司努力，卻擾亂了公司的運作。此時，各位應該如何對應呢？當自己站在為眾人謀取利益的立場上，就不可能對眼前之事無動於衷。有時想努力為人們做好事，但光靠自己一個人的力量已無回天之力。

各位此時一定會很痛苦，想努力拯救卻做不到，公司還是倒閉了。當各位看到同事們紛紛離去的身影，你會心痛自責，自己應該擔負什麼責任？是否犯下了什麼錯誤？有時很難從這樣的反省中脫身，有的人即使過了五年、十年，仍舊不能忘懷。

人的能力有限，有些事能自由自在地處理好，而有些事真的無能為力。

有了這樣的遭遇後，有些人就會責怪自己，不能原諒自己。後悔自己當時沒有這樣做，責怪自己當時何以沒有發現解決方法，結果悶在心裡五年甚至十年，非常痛苦。這種內心問題的某些部分，不是只靠反省就可以化解的。

確實，許多事情是與自己心念相應而展開的，但在現實中，眾人的力量也可轉變事物的發展方向。在這巨大的漩渦中，有人會承認自己無能為力，但有人可能過了幾十年都無法原諒自己。

當陷入了這種局面時，反而需要從負面的反省中暫時脫離出來。對於個人無能為力的事，不是要完全忘掉，而是先把它放下。

不要讓自己總站在過去的延長線上，應讓自己重新站立起來，待時間稍過之後，再從新的角度去反省自己的過去。

如果經過了這樣的過程後，仍然無法原諒自己，或者拚命反省也仍無法擺脫內心的糾纏的話，就不妨暫時停止反省，需要重新創造新的自己。自己或許在別的方面存在著某些優點，那麼就從這裡開始創造能發光的自己吧！

如此暫時讓歲月過去後，再重新審視自己的內心，就可看清處於困難漩渦的自己和他人，看到究竟錯在哪裡。從新的角度觀察或許看得更清楚，發現至今自身未察覺到的問題，成為新的反省材料。此外，當發現了別人的錯誤時，也可以作為自己的教訓，引以為戒。如果是已發生的事實無法改變，就不要讓它再成為自己痛苦與煩惱的原因，這就是需要忘卻的意義所在。這意味著你必須原諒曾失去了活力、在陰暗中隨波逐流之過去的自己。

對此，如果我講得太抽象，或許各位無法理解。過去我自己就曾經有過那麼一段時期。

過去我在商社工作時，就曾經運用靈能力幫一、兩個人解惑。當時我盡可能地不讓周遭人們知道，但總是會不經意地逐漸被他人所知。然而，我完全不做任何解釋，任他人在背後指指點點。於是，在不知不覺之間，就被他人捕風捉影、加油添醋，說得非常誇張。

在「日蓮的靈言」（收錄於《大川隆法靈言全集》第一卷、第二卷）當中曾經提到，當時在公司當中傳聞我變成了某個教團的幹部，要不就是我像是神社當中的神主，拿著幣束幫人作法。又或者是我在作法的時候，突然失神倒下等等，真的是有著各式各樣的傳言。

實在是很有趣，傳言傳來傳去，內容真的是變得五花八門。那只不過是我偶爾靈道打開，幫一、兩個人解惑之後，竟然就被傳成那樣。

他們只是認識了真理、知道了靈性世界，也知道什麼是靈道，進而想要聆聽我的話語，我只是為他們解惑，雖然當事人聽得津津有味，但周遭的人們總是會感到怪異。不過會感到怪異，也是理所當然。「這下子問題可大了！那傢伙是個怪人」，雖然聆聽了我的話語之人，覺得很感動，但周遭之人，可完全不這麼想。人家越相信我，他們就越是覺得奇怪。

其結果就是被傳成我是某個教團的首席幹部，要不就是作法的時候昏倒失神，或者是從紐約回來之後，腦袋變得不正常了等等各式各樣的傳言。

在那個時候，我也檢視了原因是不是出在自己的身上，最後我發現其實原因就出自於，我沒有從事我本來應該做的工作。如果我做著我本來應該做的工作的話，當然還是會出現批判的聲音，但是因為走在本業上，所以也應該會出現給予好評之人。然而，因為沒有做著本來的工作，所以總是會被他人閒言閒語。

說著閒言閒語的人，不知道什麼是真理。要對這些人教導真理、讓他們認識真理，從現實的商務人士世界當中來看，幾乎是不可能的事。所以，在當時我心中一直有著難以拔除的刺，也就是不被他人理解的痛苦。此外，還有無法加以說明的痛苦。我雖然透過反省，試著將那刺拔出來，卻總是有難以拔出之處。為了將刺拔出，就必須將自己真實之姿告訴他人。但是在當時難以辦到，所以實在兩難。

這就是透過反省難以解決的一面。因為我沒有辦法改變周遭人們的價值觀，實在是非常困難。除了展現出我本來的姿態，否則別無他法。

只不過，就算是要展現出我本來的姿態，那也需要一些時間。

譬如，即便我想對他們說「我根本不是任何宗教團體的教祖或幹部，我從國外回來之後，也沒有發神經」，就算說了，他們也無法理解。想要讓他們知道我的實際狀況，實在是難以辦到。

所以當時我就決定，將此事丟入「遺忘之河」（Lethe）。無論任何批判都接受，被說了什麼都無所謂。但是當我回顧過去，無論怎麼看，那原因都出自於對方認識力的問題。他們未必都是惡人，自己也未必做了錯事。那實在是沒有辦法的事，時機總是一個問題。所以我就將其丟入遺忘之河了。

換句話說，雖然遭到了批判，但我也沒有將其放在心上。我讓自己再度重新出發，並且決定當自己在那嶄新的光明世界中，層次變得更高的時候，要回首檢視來時路，進而暫時把那些批判都放在一旁。

之後過了幾年，我已經不在公司當中，走入了宗教之路。我現在回想當時的事，完全沒有任何感覺。所謂完全沒有任何感覺，這是指就算看到當時對我指指點點的人，我也不會興起任何厭惡感。此外，我也沒有任何受傷的感覺。也就是說，我心中出現了一道足以避開那些事物的光芒。

然而，如果沒有發出如此光芒，因遭受他人批判進而感到受傷，無論如何反覆地反省，都無法從那傷害當中脫離出來，只會是一直隱隱作痛。若是一直想著，要如何才能得到他人好評、如何才能不被誤解，最後就只是會悶悶不樂，絕對無法逃脫出來。

你必須要作出決斷，往更光明的境界邁進，朝著完成自身更大使命的方向前進。不要想著必須得到周遭人們的理解，而是要透過自力，往更高的境界攀登。屆時，就會出現一個更大的境地，進而就能從另一個不同的角度進行反省。

譬如，現在在幸福科學當中，有很多人前來幫忙。既有著職員，也有很多義工。這些人周遭的親友、同事等等，有人知道幸福科學在推動何種運動，進而對你有所褒獎，但同時也有很多人會對你做出批判。

屆時，你可能會因為各種批判而感覺受傷。即便你去反省原因是不是出在自己的身上，有時也未必是如此。然而，可以說是他們的錯嗎？那也未必。因為整個社會的常識就是錯誤，所以難以歸咎於個人的責任。未必能夠完全斷定那些批判自己的人所說的話是錯誤的。

這時，你必須拿出勇氣切斷過去的負面心念。單純的反省有時還無法超脫，需要尋得原本的自己，除此之外別無良方。

應該拿出勇氣，不要讓自己停留在渺小的境界中，不要讓自己一直在乎別人的看法，不要一直害怕受到別人批判，而是應該讓自己發出更強的光芒。

下定決心要為更大的使命而活。這樣才會誕生超越單純反省格局的自己。

我在《太陽之法》一書中寫到了有關「大力量人」的內容，人有一種把自己看得很渺小的傾向。譬如，被一些社會常識、他人的意見、兄弟姊妹和父母的意見、親戚的意見乃至朋友和老師的意見等，被這些緊緊地捆綁住自己，用看不見的繩子把自己束縛起來，認為自己這個不可以做、那個不做好不行，必須去做什麼等等。這種看不見的繩子，就像蠶絲那樣把身體團團纏繞。人如果在這種情況下進行反省的話，有時反而會讓繩子越纏越緊。

必須想辦法將纏繞在身上的繩子剪斷，這樣才能回到自己本來自由自在的境界。各位必須讓被罪惡意識束縛著、過度地陷溺於邪惡事物中的自己清醒過來，切斷過去，尋回真正自由自在的自己。

許多做禪修的人或許都讀過《無門關》等書，在「大力量人」公案中有這樣一段故事。

一個人用嘴咬著樹枝吊在樹上，迎面走來一個人問吊在樹上的人：「可解祖師西來之意？」這是在問釋迦牟尼為何來到世間？釋迦的使命何在？佛又是指是什麼？

按照佛教徒與修行者的規矩，在被問到問題時一定要做出回答。然而吊在樹上的修行者卻沒辦法這麼做，因為一旦開口說話，自己就會從樹上掉下來，此時，他開口也不是，不開口也不是。開口就會讓自己掉下來，不開口又會違背佛教徒的身分，陷入了二律背反、進退兩難的狀況。這樣的事情，在人生中也常會遇到。

總之，當深入思考後，會發現自己被某些規矩所束縛，某些地方或許存在著錯誤。當有人問祖師西來之意時，在必須回答的前提上是否有問題呢？問話的人，在明知對方用嘴巴咬著樹枝吊在樹上的情形，還要提問要求對方回答，難道非用這種方法考驗修行者是否合格嗎？這樣的作法合理嗎？此外，嘴咬著樹枝吊在那裡，難道就絕對不能讓手來幫忙解決問題嗎？面對這樣的問題，為何不能深入地探究一下呢？怎能像做數學題那樣不可改變前提呢？

首先對這個前提應該提出質疑，有很多人為了必須遵守的宗教信條而反被其束縛。類似用嘴咬著樹枝吊在樹上的狀況下，卻要被強迫進行反省，這種事情相當常見。

也有不少的宗教家喜好這樣做事情，此時，我們必須讓自己破殼而出，提高境界，不要把自己侷限在自己的肉體範圍內，應讓自己變成五公尺、十公尺的巨人，打破陳舊的框架。這樣便可以發現一個嶄新的世界，重新審視人間。

我們不要總是被人或環境所左右，而應靠自己的力量走向光明。這時，不只靠單純的反省，還應看到更偉大的存在。換言之，過於拘泥於反省一詞的人，就像前面介紹的公案那樣，只知不可用手，必須用嘴咬住樹枝吊在樹上，當被人問話時又必須回答，可是一旦開口又會跌死，把自己逼上了無法選擇的絕路。

如果必須反省是前提，又有類似不可用手及必須回答的約束，結果便會把自己逼入絕境。

假如被某些既定概念捆綁住，認為一切都是自己的心所造成的話，有時反會成為一個惡因。因此，我們必須反省自己的作法是否正確，檢討在反省的方法上是否出現了錯誤，讓自己變成大力量人。

要想成為大力量人，就必須解開束縛的繩索。為何不可用手？為何必須回答？必須正視這樣的問題。對於學習實踐真理的人來說，需要再做一次確認，在被認為是理所當然的規矩上，是否已不適用了？如此，或許可以放下一些陳規舊習。

假如，一名暴徒想傷害一位宗教家，那麼這位宗教家不能因為自己是宗教家，就要像甘地那樣的執行不抵抗主義，有時也需要反擊，不能被不抵抗主義所束縛。

因為，有時採用不反抗的態度反而會助長罪惡。尤其是宗教家，必須走出固定的模式和框架，否則有時反而會因自己變得極為渺小，意外地製造出一些罪惡來。

在正義中有時需要果敢的精神，若想打開新的道路和新局面就必須這麼做。有些養成了反省習慣的人，常會把所有的原因都歸咎到自己身上。從本質上來說，這種方法雖然正確，卻很容易寵壞他人。

公司裡有上司、有下屬，部下在工作時偶爾會出現錯誤。如果你把部下的錯誤，也說成是自己內心的呈現，只是自己擔負責任，實際上這是不負責的做法，不如改正自己的想法。在工作中指出缺點，便能有效地解決問題，這種情況很常見。譬如，明確地制定工作順序，何時必須完成等。如果你說不出口，還認為部下也應該有自己的想法和做法等，這種做法無益於公司的發展。

有些人認為，事情不用說，只要自己做表率就好了。從長遠的角度來看，這會帶來負面的結果。你有心示範，部下無意學，這樣很難進步。發出明確的指令，指出部下的錯誤要求改進，這是非常必要的工作方法。

工作方針不明確，使該解決的問題被拖延，反而會給其他人添麻煩，這就是所謂「軟弱的好人」。錯誤的「反省」可能造就

「軟弱的好人」，因此，必須檢討自己是否變成了這種「軟弱的好人」。

如果自己是一個「軟弱的好人」，就應該把它當作過去忘卻，努力創造昇華的自己。這樣做可以發現自己的另一面，找到進步的新起點。所以，對於「反省」的問題，必須注意不可讓自己變成一個「軟弱的好人」，需要建立一個超越現在的自己的觀點。甚至可以讓自己產生一種破天荒的想法，嘗試思考一下是否有與至今完全不同的創意。

你可以成為巨人，也可以當個渺小的存在，你可以創造自由自在的自己。時而反省，時而忘卻消極的自己，這是使自己成長的一個理論方法。

4 無法描繪出內心的景象

Q4

如果在心中所描繪的影像，無法鮮明地出現時，是否是因為心上的想念帶出現了塵埃？對此是否有任何解決的方法？

有時未必是因為此人的想念帶出了塵埃，而是因為心願不夠強烈。人不但需要思索和抱持希望，還需要在內心持有一種強烈的意願。譬如某人沒有汽車卻能做好業務的工作，那麼此人就能在內心清楚地描繪自己有車的樣子。但如果此人在生活當中沒有車也沒有關係，即使此人想要一台汽車，其內心所描繪的也只是模糊的景象，所以應該再度思考其「必要性」。

另一種是看似相反的方法，譬如，我的希望實現的時候，有時並未在內心活靈活現地去描繪，只是瞬間在內心想到這個問題而已。這種希望只是瞬間的心念，之後就把它放下，然而過了一段時間或幾年後便實現了。

這主要是由於和守護靈、指導靈之間已建立了交流的管道。守護靈、指導靈知道自己的全部想法，所以可以請他們幫助：「當時機到了，請成全此事。」對於這樣的人來說，未必需要增強心念去描繪。但若是不具備這樣的靈性能力，就需要在內心強烈地描繪自己希望實現的景象，如此也可以得到守護靈和指導靈的助力。

若想得到守護靈和指導靈的支援，就需要在內心描繪強烈且鮮明的景象。如果心念強烈，守護靈和指導靈便不會置之不理，強烈的心念能增強實現的可能性。

實際上，絕大部分的人都能夠接受靈人們的指導。我在很早以前曾想過，以講演的方式傳達真理的想法，幾年後便實現了；我也曾想過，若講演後能將講演的內容編輯成書籍出版就好了，後來也成真了。我曾希望有一天能夠與眾多的聽眾在會場見面，雖然並未強烈地在內心描繪，但時機到了便得以實現。

我希望各位能體認到實現心念的靈性背景，不要過於拘泥在某些形式與方法上。

後記

讀完這本《瞑想的極致》後有何感想呢？或許各位對於瞑想已不再感到那麼陌生了，對於精神意識的統一，也不再感到那麼難以實踐了。又或者，對於瞑想產生了想要開始正統學習的想法。

想要更深入了解瞑想修法的讀者，可同時閱讀《幸福瞑想法》（現今收錄於《大川隆法靈言全集》別卷3、別卷5）。若成為了幸福科學的會員，我們還會針對瞑想、反省法進行指導。

深切地盼望有眾多的人們能以本書為機緣，經驗到奇蹟的神祕體驗。

一九八八年　十二月

幸福科學集團創立者兼總裁　大川隆法

HAPPY SCIENCE

幸福科學集團介紹

幸福科學透過宗教、教育、政治、出版等活動，以實現地球烏托邦為目標。

幸福科學

一九八六年立宗。信仰的對象為地球靈團至高神「愛爾康大靈」。幸福科學信徒廣布於全世界一百多個國家，為實現「拯救全人類」之尊貴使命，實踐著「愛」、「覺悟」、「建設烏托邦」之教義，奮力傳道。

愛

幸福科學所稱之「愛」是指「施愛」。這與佛教的慈悲、佈施的精神相同。信眾透過傳遞佛法真理，為了讓更多的人們能度過幸福人生，努力推動著各種傳道活動。

覺悟

所謂「覺悟」，即是知道自己是佛子。藉由學習佛法真理、精神統一、磨練己心，在獲得智慧解決煩惱的同時，以達到天使、菩薩的境界為目標，齊備能拯救更多人們的力量。

建設烏托邦

我們人類帶著於世間建設理想世界之尊貴使命，而轉生於世間。為了止惡揚善，信眾積極參與著各種弘法活動。

入會介紹

在幸福科學當中，以大川隆法總裁所述說之佛法真理為基礎，學習並實踐著「如何才能變得幸福、如何才能讓他人幸福」。

入會

想試著學習佛法真理的朋友

若是相信並想要學習大川隆法總裁的教義之人，皆可成為幸福科學的會員。入會者可領受《入會版「正心法語」》。

三皈依誓願

想要加深信仰的朋友

想要做為佛弟子加深信仰之人，可在幸福科學各地支部接受皈依佛、法、僧三寶之「三皈依誓願儀式」。三皈依誓願者可領受《佛說・正心法語》、《祈願文①》、《祈願文②》、《向愛爾康大靈的祈禱》。

幸福科學於各地支部、據點每週皆舉行各種法話學習會、佛法真理講座、經典讀書會等活動，歡迎各地朋友前來參加，亦歡迎前來心靈諮詢。

台北支部精舍
台北市松山區敦化北路 155 巷 89 號

幸福科學台灣代表處
台北市松山區敦化北路 155 巷 89 號
02-2719-9377
taiwan@happy-science.org
FB：幸福科學台灣

幸福科學馬來西亞代表處
No 22A, Block 2, Jalil Link Jalan Jalil Jaya 2,
Bukit Jalil 57000, Kuala Lumpur, Malaysia
+60-3-8998-7877
malaysia@happy-science.org
FB：Happy Science Malaysia

幸福科學新加坡代表處
477 Sims Avenue, #01-01, Singapore 387549
+65-6837-0777
singapore@happy-science.org
FB：Happy Science Singapore

瞑想的極致　奇蹟的神祕體驗

瞑想の極意　奇跡の神秘体験

作　　者／大川隆法
翻　　譯／幸福科學經典翻譯小組
封面設計／Lee
內文設計／顏麟驊

出版發行／台灣幸福科學出版有限公司
104-029 台北市中山區中山北路三段 49 號 7 樓之 4
電話／ 02-2586-3390　傳真／ 02-2595-4250
信箱／ info@irhpress.tw
法律顧問／第一法律事務所　余淑杏律師

總 經 銷／旭昇圖書有限公司
235-026 新北市中和區中山路二段 352 號 2 樓
電話／ 02-2245-1480　傳真／ 02-2245-1479

幸福科學華語圈各國聯絡處／
台　　灣　taiwan@happy-science.org
地址：台北市松山區敦化北路 155 巷 89 號（台灣代表處）
電話：02-2719-9377
官網：http://www.happysciencetw.org/zh-han
香　　港　hongkong@happy-science.org
新 加 坡　singapore@happy-science.org
馬來西亞　malaysia@happy-science.org
泰　　國　bangkok@happy-science.org
澳大利亞　sydney@happy-science.org

書　　號／978-626-95395-7-4
初　　版／2021 年 12 月
定　　價／380 元

國家圖書館出版品預行編目（CIP）資料

瞑想的極致：奇蹟的神祕體驗／大川隆法作；幸福科學經典翻譯小組翻譯. -- 初版. -- 臺北市：台灣幸福科學出版有限公司，2021.12
208 面；14.8×21 公分
譯自：瞑想の極意：奇跡の神秘体験
ISBN 978-626-95395-7-4（平裝）

1. 新興宗教　2. 靈修

226.8　　110019980

廣告回信
台北郵局登記證
台北廣字第5433號
平信

IRH Press Taiwan Co., Ltd.
台灣幸福科學出版有限公司

104-029 台北市中山區中山北路三段49號7樓之4
台灣幸福科學出版　編輯部　收

請沿此線撕下對折後寄回或傳真，謝謝您寶貴的意見！

冥想的極致

大川隆法
Ryuho Okawa

台灣幸福科學出版有限公司

瞑想的極致
讀者專用回函

非常感謝您購買《瞑想的極致》一書，
敬請回答下列問題，我們將不定期舉辦抽獎，
中獎者將致贈本公司出版的書籍刊物等禮物！

讀者個人資料　※本個資僅供公司內部讀者資料建檔使用，敬請放心。

1. 姓名：　　　　　　　性別：□男　□女
2. 出生年月日：西元　　　年　　　月　　　日
3. 聯絡電話：
4. 電子信箱：
5. 通訊地址：□□□-□□
6. 學歷：□國小 □國中 □高中／職 □五專 □二／四技 □大學 □研究所 □其他
7. 職業：□學生 □軍 □公 □教 □工 □商 □自由業□資訊 □服務 □傳播 □出版 □金融 □其他
8. 您所購書的地點及店名：
9. 是否願意收到新書資訊：□願意　□不願意

購書資訊：

1. 您從何處得知本書的訊息：（可複選）□網路書店　□逛書局時看到新書　□雜誌介紹
□廣告宣傳　□親友推薦　□幸福科學的其他出版品　□其他

2. 購買本書的原因：（可複選）□喜歡本書的主題　□喜歡封面及簡介　□廣告宣傳
□親友推薦　□是作者的忠實讀者　□其他

3. 本書售價：□很貴　□合理　□便宜　□其他

4. 本書內容：□豐富　□普通　□還需加強　□其他

5. 對本書的建議及觀後感

6. 您對本公司的期望、建議…等等，都請寫下來。

IRH Press Taiwan Co., Ltd.
台灣幸福科學出版有限公司